Morn!

Eine Schiffsreise über 5000 km entlang der norwegischen Küste, zu 34 Häfen und mehr als 100 Fjorden – für viele ist die Hurtigrute die schönste Seereise der Welt. Mehrmals in der Woche verlässt ein Hurtigrutenschiff Bergen, erreicht nach sechs Tagen und 2500 km Kirkenes, den nördlichen Endpunkt der legendären Postschiffroute, um von dort in wiederum sechs Tagen zurück nach Bergen zu fahren. Tag für Tag, das ganze Jahr über.

GENUSS MIT MUSSE

Wir orientieren uns mit diesem DuMont Bildatlas an der Hurtigrute, stellen Ihnen alle wichtigen Anlegehäfen der Postschiffe mit ihren Sehenswürdigkeiten vor. Aber natürlich gibt es auch Kreuzfahrtschiffe, die an Norwegens Westküste unterwegs sind. Für alle gilt: Im Unterschied zu allen anderen Kreuzfahrten hat man das Ufer stets im Blick und kann von den Promenadendecks beobachten, wie sich die Szenerie allmählich verändert. Genuss mit Muße, das gilt auf der Hurtigrute ganz besonders.

ERLEBNISREICHE AUSFLÜGE

Abwechslung bringen die Landausflüge: Stadtbesichtigungen in Ålesund, Trondheim oder Tromsø, Aktivitäten wie Kajaktouren oder Walsafaris bis hin zum unumgänglichen Abstecher ans Nordkap. Im Winter stehen Fahrten mit Hunde- oder Rentierschlitten auf dem Programm. Besonders lohnende Ausflüge stellen wir Ihnen im DuMont Ranking auf S. 98 f. vor. Mein persönlicher Lieblingsausflug führte übrigens ins Villmarkssenter auf der Insel Kvaløya (bei Tromsø), nicht zuletzt, weil hier viel Zeit bleibt für den direkten Kontakt zu den Huskys und ihrem wuscheligen Nachwuchs!!

Herzlich

Ihre

Birgit Borowski

Birgit Borowski
Redaktion DuMont Bildatlas

Autor Christian Nowak ist schon als 18-Jähriger das erste Mal nach Norwegen gereist. Für diesen Bildatlas hat er wieder einmal Hurtigruten gebucht. Das Hop-on-Hop-off auf den Schiffen war für Fotograf Gerald Hänel eine ungewöhnliche, aber perfekte Reiseart, um Norwegens Küste kennenzulernen. Beide schätzten die relaxte Atmosphäre an Bord.

76

Kabeljau hielt das nordische Leben jahrhundertelang am Laufen. Vor allem auf den Lofoten haben sich idyllische Fischerdörfer erhalten.

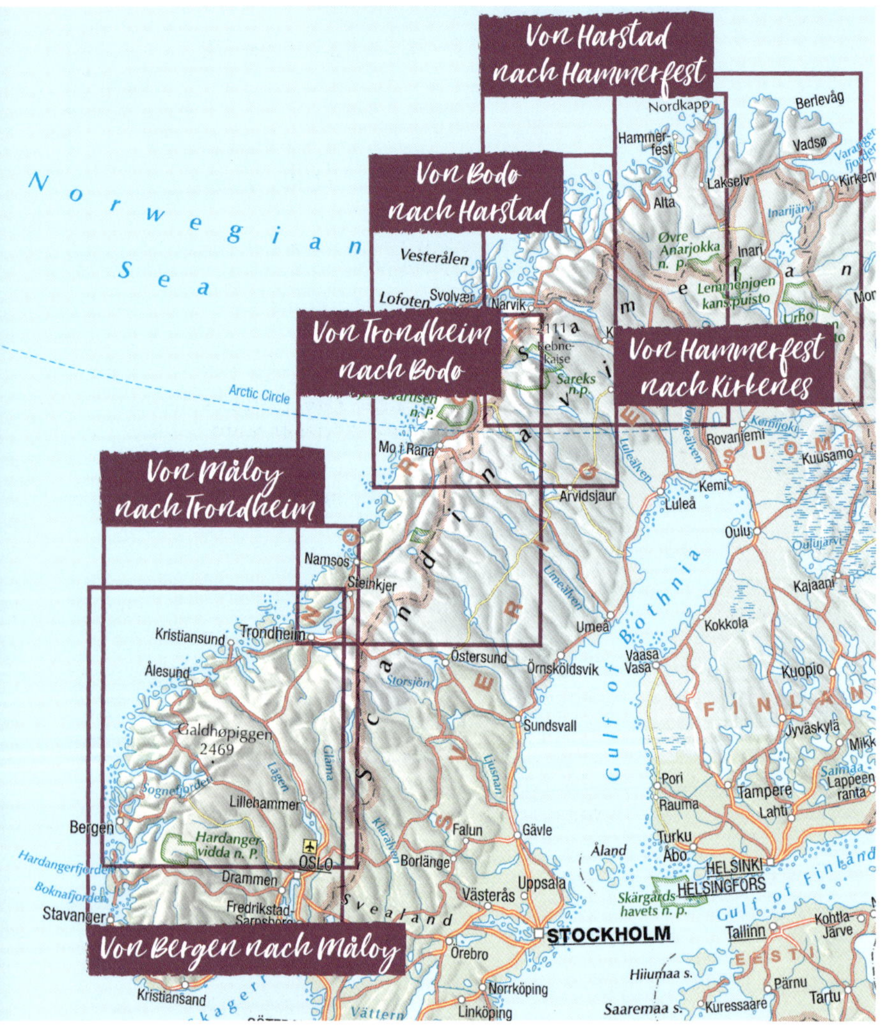

54

Die mächtigen Gletscher Norwegens können es mit denen auf Island und in den Alpen durchaus aufnehmen.

42

Ålesund überrascht: Während sonst Holzarchitektur Norwegens Altstädte bestimmt, ist es hier Jugendstil.

Das Beste erleben

Berührend, aufregend und spannend sind unsere Ideen, die wir für Ihren Aufenthalt in Westnorwegen zusammengetragen haben.

Grüne Wunder

*** 1 ***

BESUCH IM GEIRANGERFJORD

Die Fahrt durch den bekanntesten Fjord Norwegens ist Pflichtprogramm.
Seite 59

*** 2 ***

TORGHATTEN BEI BRØNNØYSUND

Auch von Bord der Schiffe lässt sich durch das Loch im Berg schauen.
Seite 73

Typisch Norwegen

*** 3 ***

DIE DAUNENWEICHE WELT VON VEGA

Auf unzähligen Inseln und Schären entstand eine einzigartige Kulturlandschaft.
Seite 73

*** 4 ***

NAHRHAFTES LOFOTR VIKINGMUSEUM

Im rekonstruierten Wikingerleben gehört Met zur rustikalen Mahlzeit.
Seite 87

*** 5 ***

BLICKRICHTUNG NORDPOL

Das legendäre Nordkap gehört zu jeder Nordlandreise.
Seite 113

9

5

Kultur hautnah

*** 6 ***

BRYGGEN IN BERGEN

Ein Besuch des Hansequartiers gleicht einer Zeitreise.

Seite 39

*** 7 ***

JUGENDSTIL IN ÅLESUND

Architektonisch sucht die Inselstadt in Norwegen ihresgleichen.

Seite 59

*** 8 ***

TRONDHEIMS DOM

Das Glaubensmonument erinnert an die Christianisierung des Nordens.

Seite 60

*** 9 ***

INSTRUMENTENMUSEUM RINGVE

In dem Trondheimer Herrenhof spielt die Musik auf Instrumenten aus aller Welt.

Seite 61

*** 10 ***

MUSEALES IN KJERRINGØY

Der alte Handelsplatz lebt heute als Freilichtmuseum auf.

Seite 75

EINFACH ZUVERLÄSSIG

Seit mehr als 120 Jahren pendeln die Hurtigruten-schiffe entlang der norwegischen Küste und lassen sich auch durch Sturm, Kälte und Polarnacht nicht aus dem Takt bringen. Seit jeher stellen sie vor allem im Norden des Landes die Versorgung sicher. Und Touristen bieten sie zwischen Bergen und Kirkenes eine der schönsten Seereisen der Welt.

AM SEHNSUCHTSZIEL

Der Norden Norwegens ist so dünn besiedelt, dass man oft stundenlang durch die Landschaft streifen kann, ohne einen Menschen zu treffen. Ganz anders am Nordkap: Der vermeintlich nördlichste Punkt Europas fasziniert Reisende seit Jahrhunderten. Tatsächlich handelt es sich „nur" um den nördlichsten über Straßen erreichbaren Punkt Europas – was aber immer noch ziemlich faszinierend ist.

HANSEATISCH MODERN

Die Hafenstadt Bergen am Byfjord ist das Tor zu den Fjorden und das Zentrum Westnorwegens. An die lange Geschichte erinnern die bunten Holzhäuser von Bryggen, wo die hanseatischen Kaufleute ihre Kontore und Lagerhäuser unterhielten. Einst für den Fischhandel gegründet, ist der Hafen auch heute noch Lebensgrundlage.

T SKURTVEIT
BRYGGEN HUSFLID
JULEHUSE

AUF RAUER SEE

Nur für wenige Stunden kreuzen die Schiffe der Hurtigruten auf offener See. Die meiste Zeit der Reise befahren sie ruhigere Gewässer zwischen den Inseln und dem Festland. Hin und wieder kann es jedoch etwas ruppiger werden – vor allem im Winter. Gut, dass es da Leuchttürme gibt wie das markante Kjeungskjaer Fyr am Trondheimfjord.

TAGHELLE NACHT

Wenn die Sonne stundenlang knapp über dem Horizont entlangwandert, taucht sie die arktisch-herbe Landschaft der Nordkapinsel in magisches Licht. Schroffe Felsen werfen dann lange Schatten, und das von spärlicher Vegetation überzogene Eiland inmitten des Ozeans leuchtet in warmen Farben.

WO DER WINTER ZU HAUSE IST

Eine Fahrt mit dem Rentierschlitten ist nur eine von vielen winterlichen Aktivitäten. Skilanglauf ist der Volkssport Nummer eins, und so durchzieht eine schier unendliche Vielzahl von Loipen die Wälder und Gebirge. Anders als in den Alpen ist Schneemangel in weiten Teilen Norwegens noch kein Thema. Mindestens bis Ostern kann man mit Skiern auf Tour gehen.

MAGISCHES LEUCHTEN

Die Polarnächte halten ein Naturspektakel bereit, das die Menschen einst als Vorboten eines Unheils deuteten. Den heutigen Betrachter wird es in erster Linie faszinieren, weiß er doch, dass die grün-blau leuchtenden Polarlichter entstehen, wenn elektrisch geladene Teilchen des Sonnenwinds in den oberen Schichten der Erdatmosphäre auf Sauerstoff- und Stickstoffatome treffen.

Die schönsten Ziele rund um Bergen

BONUSTOUR IM FJORDLAND

Bergen, eine der schönsten Städte Norwegens, lohnt am Anfang oder Ende der Schiffsreise einen ausgiebigeren Besuch. Das gilt nicht nur für die ehemalige Hansestadt – auch die weitere Umgebung hat so viel zu bieten, dass man mit einem Mietwagen auf Entdeckungstour gehen sollte. Das Spektrum an Sehenswertem im Fjordland reicht von blühenden Obstbäumen über tosende Wasserfälle und uralte Stabkirchen bis zu ursprünglichen Fischerdörfern.

1 Balestrand

Der Ort liegt fotogen am Sognefjord und ist von hohen Bergen umgeben. Nicht umsonst haben sich hier viele Künstler niedergelassen, die im Sommer Ausstellungen veranstalten. Höhepunkt im Festkalender ist das alljährliche Musikfestival Balejazz im Mai. Sehenswert sind der Stabkirchen-Nachbau und das Kviknes Hotel, ein Holzpalast vom Ende des 19. Jahrhunderts in einmaliger Lage direkt am Fjord.

www.kviknes.no

2 Stabkirche Urnes

Die älteste Stabkirche Norwegens, Teil des UNESCO-Weltkulturerbes, steht auf einer Landzunge über dem Lustrafjord. Das von außen recht schlichte Gotteshaus wurde vermutlich um die Mitte des 12. Jahrhunderts errichtet. Die mit vielen Schnitzereien im sogenannten Urnesstil verzierte Nordwand stammt höchstwahrscheinlich noch von einer um rund 100 Jahre älteren Vorgängerkirche.

Mai–Sept. tgl. 10.30–17.45 Uhr
www.stavechurch.com

3 Vøringfoss

Norwegens bekanntester Wasserfall stürzt an der Straße 7 in der Nähe von Eidfjord 182 Meter in die Tiefe. Mehrere Aussichtspunkte bieten einen Blick von oben auf den Wasserfall. Neueste Attraktion ist eine 47 Meter lange Brücke über den Fall. Als noch beeindruckender erweist sich jedoch der Blick von unten auf das herabstürzende Wasser, den man nach einem kurzen Spaziergang genießen kann.

4 Kinsarvik

Vom kleinen Ort Kinsarvik am Sørfjord kann man durch ein wildes Tal bis auf die Hochebene der Hardangervidda wandern. Die rund 1000 Höhenmeter entlang des Kinsoflusses könnten kaum spektakulärer sein. Drei große Wasserfälle stürzen direkt neben dem Weg in die Tiefe. Einer von ihnen, der Søtefoss, zählt mit einer Gesamthöhe von 273 Metern zu den höchsten Wasserfällen Norwegens. Lohn für den schweißtreibenden Aufstieg sind Ausblicke auf den immer enger werdenden Fjord und die kahle Hochebene der Hardangervidda.

5 Sørfjord

Welch ein Kontrast: Während Ende Mai die Berge um den Hardangerfjord meist noch schneebedeckt sind, stehen die Obstbäume an den Fjordufern schon in voller Blüte – ein Anblick, der so gar nicht zum Image des kalten Norwegens passen will. Besonders am Sørfjord, einem der Nebenarme des Hardangerfjords, sind die Abhänge voll mit weiß und rosa blühenden Apfel-, Birn-, Pflaumen- und Kirschbäumen. Ein weiterer Farbtupfer sind die zu dieser Zeit sattgrünen, von Wildblumen übersäten Wiesen.

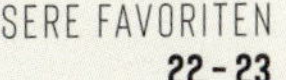

6 Folgefonna

Der Folgefonna-Gletscher im gleichnamigen Nationalpark ist mit 214 Quadratkilometern der drittgrößte Gletscher in Norwegen. Heute ist er allerdings in drei Teile zerfallen. Von Jondal führt eine Straße hinauf zum Sommerskizentrum mit grandiosem Weitblick. Wer stattdessen lieber wandern möchte, kann von Odda ins Buartal fahren und am Ende der Straße anfangs durch üppige Farnwälder, danach über Geröllfelder bis zur Gletscherzunge des Buarbre aufsteigen. Auch Eiskletterer kommen auf ihre Kosten.

https://folgefonna.info/de

7 Haugesund

Die Stadt besteht aus einem bunten Mix von Holzhäusern und Betonbauten. Auffällig ist das rosafarbene Rathaus von 1931, das ein reicher Reeder der Stadt geschenkt hat. Der Haraldshügel, die größte Sehenswürdigkeit der Stadt, befindet sich nördlich des Zentrums. Er soll über dem Grab von Harald Schönhaar errichtet worden sein, der vor über tausend Jahren Norwegen zu einem Reich geeint hat. Das Monument, das für viele norwegische Patrioten fast einem Wallfahrtsort gleichkommt, besteht aus einem zentralen Obelisken, um den 29 weitere angeordnet sind.

8 Baronie Rosendal

Die einzige Baronie Norwegens wurde 1665 von Ludvig Rosenkrantz am Hardangerfjord errichtet. 200 Jahre später wurde sie um einen Landschaftspark nach englischem Muster erweitert, in dem Rosen, Rhododendren und Dahlien blühen. Heute präsentiert sich die Baronie so, wie sie der letzte Besitzer 1927 verlassen hat: als eine Mischung verschiedener Stile und Epochen. Denn jeder Bewohner hat etwas nach seinem Geschmack hinzugefügt.

Mitte Mai–Anfang Sept. www.baroniet.no,

9 Skudeneshavn

Die Insel Karmøy liegt zwischen Haugesund und Stavanger. An ihrer Südspitze befindet sich der kleine, 200 Jahre alte Fischerort Skudeneshavn, der wegen seiner weißen Holzhäuser, der engen Gassen und der Lage am Meer unbedingt einen Besuch lohnt. Das gemütliche Örtchen wurde durch Hummerexporte bekannt und verdankt seinen Wohlstand dem Heringsfang. Wer sich für die Geschichte des Ortes interessiert, nimmt sich etwas Zeit für das kleine Heimatmuseum.

10 Kjeåsen-Alm

Im Fjordland war früher jedes Fleckchen Wiese Gold wert, auch wenn es noch so schwer zu erreichen war. Wie ein Adlernest klebt die Kjeåsen-Alm am Berghang, beeindruckende 600 Meter über dem Simadalsfjord. Wer eine Vorstellung davon bekommen möchte, welche Mühen die Menschen einst auf sich genommen haben, um in luftiger Höhe Almwirtschaft zu betreiben, kann den schweißtreibenden Aufstieg – mehr Klettersteig denn Wanderweg – in Angriff nehmen. Bequemer geht es mit dem Auto: Beim Bau des Sima-Kraftwerks wurde ein Tunnel in den Berg gesprengt, der bis nach Kjeåsen führt.

Ausgangspunkt für den Aufstieg (550 Höhenmeter): Parkplatz am Sima-Kraftwerk

Von Bergen nach Måløy

*

AUFTAKT ZUR SCHÖNSTEN SEEREISE

*

Pünktlich auf die Minute legen die Hurtigrutenschiffe in Bergen zu einer einmaligen Reise ab. Nach zwölf Tagen und rund 5000 Kilometern endet die Tour ebenso pünktlich wieder in Bergen. Die erste Etappe führt von der wohl schönsten Stadt des Landes durch das Herz Fjordnorwegens.

Fast schon mediterran geht es an sonnigen Hochsommerabenden auf Bergens Hausberg Fløyen zu.

Wo einst die Hansekoggen anlandeten: Bergens Bryggen ist ein beliebter Liegeplatz mitten in der Stadt.
Im Hintergrund ragen die Türme des Doms (links) und der Kreuzkirche (rechts) auf.

Auf der Flaniermeile Torgallmenningen lässt sich auch gut einkaufen.
Seit 1950 steht hier das Sjøfartsmonument (links im Bildhintergrund).

Altstadtgasse auf der ins Meer ragenden Halbinsel Nordnes

Der Festplass am Lille Lungegårdsvann ist sommerlicher Treff für Bergens Jugend.

BERGEN IST DIE FEUCHTESTE STADT EUROPAS. TROTZDEM SIND DIE BERGENSER ÜBERHAUPT NICHT GRIESGRÄMIG.

Keine Frage, Bergen ist eine schöne Stadt, vielleicht die schönste Norwegens – wenn da nicht das Wetter wäre. Mit über 2000 Millimeter Niederschlag und mehr als 200 Regentagen im Jahr ist es die feuchteste Stadt Europas. Trotzdem sind die Bergenser überhaupt nicht griesgrämig; sie arrangieren sich und nehmen eben den Regenschirm mit. Und als wichtigstes Zentrum Westnorwegens ist Bergen eine junge, lebendige Stadt, in der viele Studenten Straßenbild und Szene prägen.

„Ich bin aus Bergen!“ Dieser Satz kommt vielen leicht über die Lippen. Liegt es an der stolzen Vergangenheit? Immerhin war Bergen einst größte Stadt des Landes, blühende Handels- und Hansestadt mit weltweiten Verbindungen, Verwaltungshauptstadt, kirchlicher Mittelpunkt Westnorwegens und Zentrum des kulturellen Lebens. Oder ist es die privilegierte Lage mit sieben Hügeln und sieben Fjorden in der Nähe? Dass Bergen Kulturhauptstadt Europas war, liegt zwar schon ein paar Jahre zurück, doch an der kulturellen Vielfalt und der kosmopolitischen Atmosphäre hat sich seither nichts geändert.

REICHTUM DURCH HANDEL

Der Aufstieg Bergens, das damals noch Bjørgvin hieß, begann während der Regierungszeit von Olav III. dem Ruhigen. Er verlieh der Ansiedlung am Fjord in der zweiten Hälfte des 11. Jahrhunderts Stadtrechte. Vom 13. Jahrhundert an war Bergen erste Hauptstadt Norwegens und bis 1830 auch die größte Stadt des Landes; heute ist nur Oslo größer.

STADT DES STOCKFISCHS

Für den wirtschaftlichen Aufschwung gab es zwei Gründe: die günstige Lage am Byfjord, durch die Kontakte in die ganze Welt möglich waren, und die hanseatischen Kaufleute, die hier eine ihrer wichtigsten ausländischen Handelsstationen gründeten. So wurde in Bergen auch der gesamte Lofotenfischfang von deutschen Kaufleuten umgeschlagen. Riesige Mengen an Stockfisch und Tran wurden hier zwischengelagert und dann mit den Koggen der Hanse nach ganz Europa exportiert. Im Gegenzug nahm man Salz und Getreide in Empfang. Det Tyske Kontor auf Bryggen agierte über Jahrhunderte praktisch wie ein Monopolist, denn nördlich von Bergen durfte nicht mit Fisch gehandelt werden. Erst Mitte des 16. Jahrhunderts verlor die Hanse ihre Vormachtstellung.

An der Ostseite des Hafenbeckens liegt Bryggen, das ehemalige Viertel der Deutschen Hanse. Dicht an dicht stehen die bunten Holzhäuser mit den Giebeln

Bryggen ist als Beispiel hanseatischer Bauweise in Norwegen UNESCO-Welterbestätte. Bei Stadtbränden mehrmals in Mitleidenschaft gezogen, wurden die Holzhäuser immer wieder originalgetreu errichtet. Heute beherbergen sie kleine Geschäfte wie das der Schmuckdesignerin Živa Jelnikar und Restaurants wie das Enhjørningen.

zum Hafenbecken, eines der bekanntesten Fotomotive Norwegens. Entstanden nach dem Großbrand von 1702, hat ihre Einzigartigkeit sie auf die UNESCO-Welterbeliste gebracht. Zwischen den windschiefen Häusern führen schmale Gassen labyrinthisch ins Herz von Bryggen. Wo einst die hanseatischen Kaufleute ihre Kontore und Lagerhäuser unterhielten, sind heute Souvenirgeschäfte, Museen, Restaurants, Boutiquen, Galerien und Kneipen eingezogen.

Trotz vieler Stadtbrände, die Bergen immer wieder verwüstet haben, besitzt die Stadt noch viele historische Holzhäuser; gepflegt und restauriert, zählen sie zu den bevorzugten Wohnlagen. Es lohnt sich, ein wenig abseits des Hafens durch die kleinen Gassen zu schlendern

ES LOHNT SICH, EIN WENIG ABSEITS DES HAFENS DURCH DIE KLEINEN GASSEN ZU SCHLENDERN.

und die steilen Rampen und Treppen auf der Suche nach architektonischen Kleinodien zu erklimmen.

Im Lauf seiner langen Geschichte hat Bergen viele Persönlichkeiten hervorgebracht oder beherbergt, von denen jede ihre Statue an einem mehr oder weniger prominenten Platz bekommen hat. Der Komponist Edvard Grieg steht vor seiner verspielten Villa Troldhaugen und vor dem Telegrafenamt, der Dichter Ludvig Holberg darf überlebensgroß auf Hafen und Fischmarkt schauen, der Dramatiker Henrik Ibsen steht vor dem Theater, ihm zur Seite der Literaturnobelpreisträger Bjørnstjerne Bjørnson. Der hochverehrte Wundergeiger Ole Bull versteckt sich etwas auf dem nach ihm benannten Platz. Auf der Flaniermeile Torgallmenningen, dem beliebtesten Treff der Stadt, sind die Wikinger und die Helden des 18., 19. und 20. Jahrhunderts auf dem Sockel eines klobigen Denkmals verewigt.

Gamle Bergen, das Freilichtmuseum Alt-Bergen, wurde 1949 eröffnet und hält das Stadtbild längst vergangener Zeiten lebendig.

In Gamle Bergen soll das Flair von Europas größter Holzstadt des 18. Jahrhunderts erhalten werden – mit Wohnhäusern, Geschäften und Werkstätten. Bonbons gibt es hier in der Papiertüte, und man kleidet sich wie damals.

Blick vom Hausberg Fløyen auf das Hafenbecken Vågen und die Halbinsel Nordnes. Links der Fährhafen mit dem Hurtigrutenterminal, ganz rechts das Kreuzfahrtterminal, davor das norwegische Segelschulschiff „Statsraad Lehmkuhl", dessen Heimathafen Bergen ist.

Stabkirchen

Mittelalterliche Meisterwerke

Im 13. Jahrhundert gab es in Norwegen rund tausend Stabkirchen, um 1800 waren es noch hundert, heute sind es nur noch 28. Einige stehen nicht mehr an ihrem ursprünglichen Ort, andere wurden im Lauf der Zeit stark umgebaut.

Oft werden die mittelalterlichen Gotteshäuser mit Wikingerschiffen verglichen: Die tragenden Elemente – die Staver – streben wie Schiffsmasten gen Himmel, die gestaffelten Dächer erinnern an Segel, und die Drachenköpfe an den Giebeln haben Ähnlichkeit mit den Verzierungen am Bug und Heck von Wikingerschiffen. Tier- und Pflanzenornamente sowie Gestalten aus der germanischen Mythologie und Sagenwelt wurden in einzigartiger Weise kombiniert. Der Eingang bekam eine Geisterschwelle, die Portale sind mit geschnitzten Fabeltieren, Schlangen und Drachen geschmückt. Innen war es fast vollkommen dunkel, nur durch einige kleine Bullaugen hoch oben fiel Licht. Fast immer wurden die hölzernen Kirchen in der Einsamkeit errichtet, oft an alten Kult- und Opferstätten.

In der Stabkirche von Fantoft bei Bergen

Zu den schönsten und ursprünglichsten zählt die Stabkirche von Borgund im Lærdal, die größte steht in Heddal unweit von Notodden. Älteste Stabkirche ist die von Urnes am Lustrafjord. Und die von Fantoft bietet großartige Möglichkeiten, die kunstvolle Bauweise zu betrachten.

KURS NORD

Spätestens kurz vor dem Ablegen vom Hurtigrutenterminal im Stadtteil Nøstet versammeln sich am Abend alle Passagiere auf dem Panoramadeck. Nachdem das sonore Schiffshorn verklungen ist, beginnt „die schönste Seereise der Welt", die zwölf Tage dauern und in 34 Häfen Station machen wird. Noch ein letzter Blick auf Bergen: An Steuerbord bleibt die fingerförmige Halbinsel Nordnes zurück, das Panorama öffnet sich, am Horizont werden die sieben Hügel der Stadt sichtbar. Die Fahrt durch den Hjeltefjord mit seinem unübersichtlichen Labyrinth aus Wasser und Land stimmt auf Fjordnorwegen ein.

Den kurzen Stopp in Florø werden die meisten wohl verschlafen. Frühaufsteher können vor Måløy einen Blick auf den fast 900 Meter hohen, senkrecht aus dem Meer ragenden Berg Hornelen werfen, der – glaubt man der Überlieferung – ein mittsommerlicher Hexentanzplatz ist. Gegenüber befindet sich die Kultstätte Vingen mit vielen bronzezeitlichen Steinritzungen.

STURMUMTOSTES KAP

Das Vestkapp ist zwar nicht der westlichste Punkt Norwegens, wie der Name vermuten ließe, ganz sicher aber einer der ungemütlichsten. Wenn die Meteo-

Die Vogelinsel Runde bietet nicht nur Kormoranen ein Zuhause. Auf einer Inselumrundung mit der „Aquila“ kommt noch so mancher andere Seevogel vors Objektiv.

Weit geht der Blick übers Meer von der Vogelinsel Runde Richtung Süden, auf den Ort Kvalsvik auf der Nachbarinsel Nerlandsøya.

Seit 1942 geht es mit der Flåmbahn von Flåm nach Myrdal. Nachdem eigens für die Bahn am Wasserfall Kjosfoss ein Kraftwerk gebaut worden war, konnte die Strecke bereits wenige Jahre später elektrifiziert werden.

rologen „full storm ved Stad" ansagen, was relativ häufig vorkommt, dann kocht hier die See, und die Wellen türmen sich haushoch. Sogar Fischerboote bleiben lieber im Hafen, und selbst auf den großen Hurtigrutenschiffen fühlt man sich wie in der Achterbahn. Bei schönem Wetter dagegen bietet die Umrundung des Kaps mit seinem 497 Meter hohen Felsen am Ende der Halbinsel Stadland einen imposanten Anblick.

Seit mehr als hundert Jahren gibt es Pläne, die gefährliche Passage um das Vestkapp durch einen Tunnel zu entschärfen. Der Bau der 1,7 Kilometer langen Röhre, die auch Hurtigrutenschiffe befahren können, wurde 2021 vom norwegischen Parlament genehmigt. Die Fertigstellung ist für 2026 geplant, die Baukosten werden vermutlich mehr als 400 Millionen Euro betragen.

Auf dem Weg von Måløy nach Torvik taucht auf der rechten Seite die kleine Insel Selja auf, bekannt für die Ruine eines Benediktinerklosters und für die Sage von der irischen Königstochter Sunniva, die im 10. Jahrhundert vor den Wikingern hierher geflüchtet sein soll.

EINE WELT DER VÖGEL

Wenige Minuten nach dem Ablegen in Torvik ist an Backbord in einiger Entfernung die nur einige Quadratkilometer große Insel Runde zu sehen. Es ist Norwegens südlichster Vogelfelsen, der ein spektakuläres Naturerlebnis bietet. Von Mitte Mai bis Ende August herrscht hier Hochbetrieb, denn zu dieser Zeit bekommen die knapp 200 Inselbewohner Besuch von rund 500 000 Seevögeln sowie einigen Tausend Ornithologen und Fotografen.

Dann ist auch Knut Asle Goksøyr in seinem Element; bei ihm kann man auf dem Campingplatz, in einer Hütte oder im ehemaligen Leuchtturm übernachten. Außerdem organisiert er Ausflüge zu den Vogelfelsen und ist eine unerschöpfliche Informationsquelle. Früher, sagt er, waren die Felsen wie eine randvoll gefüllte Speisekammer. Einen Strick um den Bauch gebunden, seilten sich die Insulaner ab und stopften sich die Taschen mit Eiern voll. Auch so mancher Papageitaucher landete im Kochtopf. Heute steht das gesamte Gebiet unter Naturschutz.

ORNITHOLOGEN SICHTETEN AUF DER INSEL RUNDE 221 VOGELARTEN.

Auf den nach Westen steil abfallenden Felsen von Runde herrscht ein ohrenbetäubendes Spektakel und scheinbar heilloses Durcheinander. Doch alles ist streng geregelt: Im obersten Stockwerk brüten die Papageitaucher in Erdhöhlen, darunter richten sich die Tordalke und Trottellummen ein, darunter die Basstölpel. Und in der Nähe des Wassers suchen die Dreizehenmöwen auf winzigen Felsvorsprüngen Platz für ihre Nester.

Am meisten Spaß macht es, den Papageitauchern zuzuschauen. Mutig stürzen sie sich in die Tiefe, schlagen hektisch mit den Flügeln, wie um einen Absturz zu verhindern, und kommen doch immer wohlbehalten auf der Wasseroberfläche an. Mit einem Schnabel voll kleiner Fische legen sie wenig später eine miserable Landung vor ihrer Bruthöhle hin. Was für ein Unterschied zu den imposanten Flugkünsten der Schmarotzerraub- und Sturmmöwen, der Basstölpel, Eissturmvögel und Seeadler!

Geschichte der Hurtigruten

VOR ALLEM ZUVERLÄSSIG

Zwölf Tage, rund 5000 Kilometer, 34 Häfen und mehr als hundert Fjorde – das ist der Hurtigrutensteckbrief. Seit 1893 verkehren die berühmten Postschiffe der „schnellen Route" im Liniendienst entlang der Fjordküste Norwegens. Längst hat sich das einstige Transportmittel zur Touristenattraktion gemausert.

Gudvangen im Nærøyfjord: Adelsteen Normann, ein berühmter norwegischer Landschaftsmaler, schuf um 1890 diese Szenerie.

Bis ins 19. Jahrhundert waren die Seekarten recht ungenau, es gab nur wenige Leuchttürme. Tückische Riffe, schmale Sunde und Fjorde sowie ein unübersichtliches Gewirr aus kleinen Inseln und Schären machten den Seeweg gefährlich. Eine sichere Handelsroute war jedoch wichtig, vor allem um den im Winter praktisch von der Außenwelt abgeschnittenen Norden Norwegens besser an den Süden anzubinden.

Es war der Lotse August Kriegsmann Gran, der erstmals eine regelmäßige und schnelle Schiffsverbindung zum Transport von Post und Waren zwischen Trondheim und Hammerfest realisieren wollte. In Richard With, dem Kapitän und Direktor der Schifffahrtsgesellschaft Vesteraalens Dampskibsselskap, fand er einen Gleichgesinnten. Sie vereinbarten, dass Withs Schiffslinie im Sommer wöchentliche Fahrten zwischen Trondheim und Hammerfest und im Winter zwischen Trondheim und Tromsø durchführen solle.

Auch der norwegische Staat hatte an der Verwirklichung des Projekts Interesse und förderte es mit 70 000 Kronen. Als Erstes machte sich Richard With mit dem Lotsen Anders Holte an die notwendigen Seekarten. In akribischer Kleinarbeit kartografierten sie ab 1882 jeden Felsen und jede Untiefe vor der zerklüfteten Küste. Am Sonntag, dem 2. Juli 1893, war es dann so weit: Um 8.30 Uhr legte das Dampfschiff „Vesteraalen" in Trondheim ab und nahm erstmals Kurs auf Hammerfest. Dort kam es 67 Stunden später pünktlich an – die Hurtigruten waren geboren.

Die Leistung war enorm. Bisher war die Post von Trondheim nach Hammerfest im Winter bis zu fünf Monate unterwegs gewesen, nun dauerte es nur noch wenige Tage. Bald wurde die Route zur Lebensader für die Küstenbevölkerung, denn nun konnten auch kleine Orte im Winter mit Nahrungsmitteln und Dingen des täglichen Bedarfs beliefert werden. Mindestens genauso wichtig: Die Bewohner der Küste konnten reisen und

Von 1956 bis 1993 tat die „Finnmarken" Dienst auf der legendären Nordlandroute. Heute gehört sie als Museumsschiff zum Hurtigrutenmuseum im Vesterålenstädtchen Stokmarknes.

Die 1996 in Dienst gestellte „Polarlys" bietet ihren Passagieren einen Allwetter-Panoramablick.

hatten nicht mehr das Gefühl, völlig vom Süden isoliert zu sein.

Zahlreiche Schifffahrtsgesellschaften schlossen sich der Vesteraalens Dampskibsselskap an; bald kamen weitere Stopps und häufigere Abfahrten hinzu. Später wurde Bergen zum südlichsten Hafen, während Kirkenes den nördlichsten Wendepunkt der Hurtigruten markierte. Seit 1936 gibt es – nur unterbrochen vom Zweiten Weltkrieg – täglich Abfahrten zwischen Bergen und Kirkenes.

DIE SCHIFFSGENERATIONEN

Insgesamt rund siebzig Schiffe waren in der Vergangenheit für Hurtigruten unterwegs. Bis heute unterscheiden sie sich in Alter und Größe und besitzen auch an Bord einen eigenen Stil. Gemeinsam ist ihnen der schwarz-rot-weiß lackierte Rumpf als Erkennungszeichen. Früher trugen fast alle Schiffe Namen, die sich auf den Norden Norwegens bezogen. Ausnahmen waren die „Richard With", genau 100 Jahre nach der ersten Hurtigrutenfahrt in Dienst gestellt, und die „Kong Harald", die den Namen des norwegischen Königs trägt. Die neuesten Schiffe, die hauptsächlich für Expeditionen eingesetzt werden, sind nach den Arktishelden Otto Sverdrup, Roald Amundsen und Fridtjof Nansen benannt.

Der Generationswechsel macht auch vor beliebten Oldtimern nicht Halt. So hat die Fangemeinde der seit 1964 eingesetzten „Lofoten" mit Trauer hinnehmen müssen, dass ihr vor allem wegen der nostalgischen Ausstattung und der familiären Atmosphäre an Bord geschätzter Liebling im Dezember 2020 seine letzte Dienstfahrt angetreten hat. Ältestes Hurtigrutenschiff ist nun die 1983 vom Stapel gelaufene „Vesterålen". Sie und erst recht die Schiffe aus den 1990er-Jahren unterscheiden sich mit Platz für über 600 Passagiere deutlich vom Oldtimer „Lofoten", auf dem 400 Fahrgäste unterkamen.

Aktuell läuft ein umfangreiches Nachhaltigkeits-Upgrade mehrerer Schiffe, die mit Hybridantrieben ausgestattet werden. Emissionsarme Motoren und große Batteriepakete gehören ebenfalls dazu. Parallel dazu erfolgt immer wieder die Renovierung von Schiffen wie der „MS Trollfjord", die ein modernes skandinavisches Design erhält.

Informieren und buchen

Weitere Hurtigruteninformationen, Buchungen und Katalogbestellungen telefonisch oder online: Tel. 040 87 40 88 55, www.hurtigruten.de

Elegantes Nordlicht: Ein Hauch von Extravaganz aus Mahagoni und poliertem Messing ziert die „Polarlys"

Maßstab 1:2.000.000
0
40km
1
2
3
TRONDHEIM
BERGEN
OSLO
Drammen
N O R G E
Smøla
Hitra
Frøya
Ertvågøya
Tustna
Averøya
Nordmøre
Sunnmøre
Kristiansund
Molde
Ålesund
Åndalsnes
Romsdalen
Sunndalen
Gudbrandsdalen
Østerdalen
Ottadalen
Dovrefjell
Rondane n.p.
Reinheimen nasjonalpark
Jotunheimen n.p.
Breheimen
Jostedalsbreen n.p.
Jostedalen
Geirangerfjorden
7 Systre
Pollfoss
Ridderspranget
Stavkirke
Urnes
Nærøyfjorden
Stalheimskleiva
Vøringfossen
Hardangervidda nasjonalpark
Hardangerjøkulen
Hallingskarvet n.p.
Hallingdal
Numedal
Valdres
Ormtjernkampen n.p.
Lillehammer
Kongsberg
Notodden
Heddal stavkirke
Rjukan
Sunnhordland
Stølsheimen
Sula
Sandøy
Ytre Sula
Hurtigruten
Stadlandet
Måløy
Florø
Førde
Voss
Stord
Bømlo
Haugesund
Hamar
Gjøvik
Hønefoss
Dombås
Oppdal
Lillehammer

DIE SCHÖNSTE IM FJORDLAND

Bergen, die Metropole des Fjordlands, steht für viele am Beginn der Hurtigrutenreise. Schon allein wegen der schönen Lage zwischen sieben Gipfeln, wegen der Museen und der bunten Holzhäuser lohnt hier ein längerer Aufenthalt. Auch die Umgebung mit dem weit ins Land reichenden Hardangerfjord hat viel zu bieten.

1 Bergen

Die nach einer Sage 1070 gegründete Hafenstadt am inneren Byfjord ist von sieben Hügeln umgeben, von denen der Ulriken mit 643 m der höchste ist. Diese günstige Lage war seit dem Ende des 12. Jh. Grundlage für vielfältige Handelskontakte. Lange betrieben hanseatische Kaufleute hier eine ihrer wichtigsten ausländischen Niederlassungen und verdienten am Fischhandel-Monopol. Ab dem 13. Jh. war Bergen erste Hauptstadt und bis weit ins 19. Jh. hinein größte Stadt Norwegens. Heute leben rund 287 000 Menschen in der nach Oslo zweitgrößten Stadt des Landes. Ihr Zentrum liegt am Naturhafenbecken Vågen, um das sich die Häuser wie in einem Amphitheater anordnen. Seit 1946 ist Bergen auch Universitätsstadt mit bald 18 500 Studierenden.

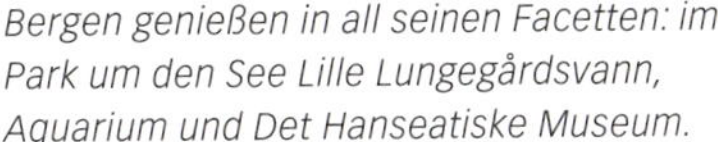

Bergen genießen in all seinen Facetten: im Park um den See Lille Lungegårdsvann, Aquarium und Det Hanseatiske Museum.

SEHENSWERT

Am Hafenbecken **Vågen** findet an Wochentagen ein sehenswerter Fischmarkt (*Torget*) statt. Wenige Minuten sind es nach **Bryggen** **TOPZIEL**, gut zu erkennen an der Front der windschiefen bunten Holzhäuser, die nach dem Brand von 1702 wiederaufgebaut wurden. Sehenswert ist auch die **Mariakirken,** eine der schönsten romanischen Kirchen Norwegens (urspr. um 1130); Kanzel und Altar wurden in Deutschland gefertigt und erinnern daran, dass sie einst als Tyskekirken, „Kirche der Deutschen", bekannt war. Etwas stadteinwärts erhebt sich die dem hl. Olav geweihte **Bergen Domkirke,** urspr. Franziskanerkirche und ebenfalls im 12./13. Jh. errichtet.

Nördlich der Hafenbucht steht die bereits im 12. Jh. gegründete und bis ins 20. Jh. immer wieder aus- und umgebaute Festung **Bergenhus** mit der **Håkonshalle** (bis 1261; www.bymuseet.no; Juni–Aug. tgl. 10.00–16.00, sonst bis 14.00 Uhr), einst Königssitz, sowie dem Rosenkrantztårnet (urspr. 13. Jh. und 16. Jh.), einem kombinierten Festungs- und Wohnturm (Juni–Aug. tgl. 10.00–16.00, Mai, Sept. bis 14.00, sonst Di. 16.00–19.00, Sa./So. 10.00 bis 14.00 Uhr).

Trotz der vielen Brände, die Bergen immer wieder heimgesucht haben, besitzt die Stadt noch immer viele alte Holzhäuser, vor allem in **Sandviken** im Nordosten und auf der Halbinsel **Nordnes** am Hafen. Sie zählen zu den bevorzugten Wohnlagen. Südl. vom Fischmarkt liegt der künstlich angelegte See **Lille Lungegårdsvann**. Die angrenzende **Rasmus Meyers allé** ist Bergens Kunstmeile.

MUSEEN

Bergens **Museen für Kunst und Design** (KODE 1 bis 4) befinden sich in vier Gebäuden nahe des Lille Lungegårdsvann; zu sehen sind Werke u. a. von Munch, Picasso, Klee und Dahl, Kunsthandwerk, Design und eine Chinasammlung (Rasmus Meyers allé 3, 7, 9 und Nordahl Bruns gate 9, Tel. 55 56 80 00, www.kodebergen.no; Mitte Mai–Mitte Sept. tgl. 10.00–17.00, sonst Di.–Fr. 11.00–16.00, Sa./So. 11.00–17.00 Uhr); das Ticket (150 NOK) gilt in allen vier Museen. Die **Bergen Kunsthall** widmet sich zeitgenössischer Kunst (Rasmus Meyers allé 5, Tel. 94 01 50 50, www.kunsthall.no; Di.–So. 11.00 bis 17.00, Do. bis 20.00 Uhr). **Det Hanseatiske Museum** in einem der ältesten Holzgebäude der Stadt wird bis mindestens 2024 saniert. Die zum Museum gehörenden Schøtstuene (die ehem. Aufenthaltsräume der Kaufleute) übernehmen einen Teil der Ausstellungen. Über die älteste Besiedlung der Stadt und das mittelalterliche Bergen informiert das **Bryggens Museum;** es zeigt auch eine große Runensammlung (Dreggsalmenning 3, Tel. 55 58 80 30, https://bymuseet.no; Juni–Aug. tgl. 10.00 bis 17.00, sonst mind. tgl. 10.00–15.00 Uhr).

Bergens Sjøfartsmuseum auf dem Universitätsgelände auf der Nygårdshøhe widmet sich mithilfe von Modellen und Rekonstruktionen der Seefahrt vor Bergens Küste von der Wikingerzeit bis ins moderne Zeitalter der Supertanker (Haakon Sheteligs plass 15, https://sjofartsmuseet.museumvest.no; Mai–Aug. Mo.–Fr. 10.00–16.00, Sa./So. bis 17.00, Sept. bis Mai tgl. 11.00–15.00 Uhr).

Akvariet i Bergen zeigt in seinen Aquarien eine stattliche Sammlung einheimischer und tropischer Fische (Nordnesbakken 4, Tel. 55 55 71 71, www.akvariet.no; Mai.–Aug. tgl. 9.00–18.00, sonst 10.00–18.00 Uhr).

ERLEBEN

Die Fahrt mit der Standseilbahn vom Hafen auf den Hausberg **Fløyen** wird mit einem Panoramablick auf die Stadt belohnt (Vetrlidsalmenning 21, www.floyen.no; Kernzeit tgl. 8.00 bis 20.00 Uhr; an der Bergstation Café und Restaurant mit Terrasse). Noch spektakulärer ist der Blick vom **Ulriken** (https://ulriken643.no; Seilbahn Mai–Sept. tgl. 9.00–23.00, sonst So., Di., Mi. 9.00–19.00, Do.–Sa. bis 23.00 Uhr; Shuttlebus vom Fischmarkt zur Seilbahn).

EINKAUFEN

In den alten **Bryggen-Häusern** befinden sich Souvenirläden und Boutiquen, die vor allem Norwegerpullover und Trolle im Sortiment haben. Jeweils mehr als 70 Geschäfte unter einem Dach bieten **Bergen Storsenter** (Strømgaten 8) und **Galleriet** (Torgallmenningen 8).

UNTERHALTUNG

Als Universitätsstadt bietet Bergen ein reges Nachtleben; vor allem rund um den **Torget** kann man sich an Wochenenden bis spät in die Nacht vergnügen. Das **€ Café Opera** (Engen 18, Tel. 55 23 03 15), tagsüber ein gemütliches Restaurant, verwandelt sich am späteren Abend in eine Bar und einen Club, der am Wochenende DJs oder Livemusik im Programm hat.

HOTELS UND RESTAURANTS

Zentraler als im **€ € € € Clarion Collection Hotel Havnekontoret** geht es nicht; nur wenige Schritte und man ist in Bryggen (Slottsgaten 1, Tel. 55 60 11 00, www.nordicchoice hotels.com). Das **€ € € Clarion Hotel Admiral** bietet komfortable Zimmer in einem sanierten historischen Speicher am Hafen (C. Sundts gate 9, Tel. 55 23 64 00, www.nordicchoice hotels.com).

Runde

Auf Norwegens südlichster Vogelinsel Runde veranstalten im Sommer einige Hunderttausend brütende Seevögel – vor allem Papageitaucher, Trottellummen, Basstölpel, Tordalken, Krähenscharben, Raubmöwen und Dreizehenmöwen – ein ohrenbetäubendes Spektakel. Wer auf eigene Faust die Insel erkunden möchte, kann von Bord eines kleinen Kutters die direkt über dem Wasser brütenden Vögel beobachten. Oder man erklimmt das 300 m hohe Plateau der Insel und schaut den Vögeln von oben in die Kinderstube; dabei kommt man vor allem Papageitauchern ganz nahe, die in Erdhöhlen direkt an der Abbruchkante brüten. Treffpunkt für Ornithologen aus aller Welt ist der Campingplatz Goksøyr.

ANFAHRT

Mit dem Auto von Torvik über die durch Brücken verbundenen Inseln Leinøya und Remøya nach Runde. www.insel-runde.de

Plüschige Gemütlichkeit in der Villa Troldhaugen, Köstlichkeiten auf dem Markt in Bergen

Das **€ € € € Enhjørningen** („Einhorn"), eines der besten Fischrestaurants der Stadt, fügt sich stilvoll eingerichtet ins historische Umfeld ein (Bryggen, Tel. 55 30 69 50, www.enhjorningen.no; unbedingt reservieren!). Das **€ € € € Bryggen Tracteursted** von 1708 ist die älteste Gastwirtschaft des Landes; mitten in den verwinkelten Gassen Bryggens serviert es typisch norwegische Gerichte wie Lutefisk (Bryggestredet 2, Tel. 55 33 69 99, www.bellevue.no). Die **€ € Kjøttbasaren** neben dem Hanseatischen Museum beherbergen in einer ehem. Markthalle verschiedene kleine Restaurants und Bars (Vetrlidsallmenningen 2, www.kjøtt basaren.no).

UMGEBUNG

Die Stabkirche von **Fantoft** (6 km südl.), urspr. um 1150 in Fortun am Sognefjord errichtet, wurde 1883 in die Nähe von Bergen umgesetzt und 1992 durch Brandstiftung zerstört. Den originalgetreuen Neubau kann man besichtigen (Mitte Mai–Mitte Sept. Mo.–Sa. 11.00–16.00 Uhr). Auf einem Hügel am **Nordås-See** (10 km südl.) baute sich der Komponist Edvard Grieg (1843 bis 1907) ein verschnörkeltes Holzhaus mit Türmchen und Verzierungen; bis zu seinem Tod hat er hier 22 Jahre mit seiner Frau gelebt und viele seiner Werke komponiert. Das Innere der **Villa Troldhaugen** ist noch wie zu seinen Lebzeiten eingerichtet und als Museum zugänglich; im Sommer werden regelmäßig Konzerte veranstaltet (Troldhaugveien 65, www.grieg museum.no; Mitte Mai–Mitte Sept. tgl. 10.30 bis 18.00 Uhr).
Der Komponist und Geiger Ole Bull (1810–1880), ein Onkel Griegs, errichtete sich auf der **Insel Lysø** (südl. Fanahammeren) 1872/1873 eine „kleine Alhambra", ein Sommerhaus im maurischen Stil (wegen Renovierungsarbeiten geschlossen; die Insel bietet aber gute Wandermöglichkeiten).
Das Freilichtmuseum **Gamle Bergen** befindet sich nördl. außerhalb Bergens (nördl. Sandviken) in einer Parkanlage auf dem Landsitz Elsesro. 50 charakteristische Bergenser Holzhäuser des 18., 19. und 20. Jh. zeigen ein rekonstruiertes Stadtmilieu und veranschaulichen den Alltag früherer Zeiten (Nyhavnsveien 4, www.bymuseet.no; Mitte Juni–Mitte Aug. tgl. 10.00–16.00 Uhr, sonst kürzer).

ANREISE

Eine der schönsten Bahnstrecken Skandinaviens verbindet Oslo mit Bergen. Für die knapp 500 km benötigt die **Bergenbahn** rund 7 Std. Es bleibt also genug Zeit, die Landschaft zu genießen. Spektakulärer Höhepunkt, vor allem im Winter, ist die Überquerung der baumlosen Hardangervidda und der Halt an Norwegens höchstem Bahnhof Finse auf 1222 m Höhe (Fahrplaninformationen unter www.vy.no).

INFORMATION

Turistinformasjonen i Bergen, Strandkaien 3, N-5012 Bergen, Tel. 55 55 20 00, www.visitbergen.com
Freie Fahrt mit den Stadtbussen und Eintritt in viele Museen und Sehenswürdigkeiten gewährt die empfehlenswerte Bergen Card.

2 Florø

Den ersten Hafen nach dem Ablegen in Bergen erreichen die Schiffe auf ihrer Route gen Norden mitten in der Nacht und nur für wenige Minuten. Auf dem Rückweg gen Süden reicht der Aufenthalt am Morgen immerhin für einen kurzen Erkundungsspaziergang. Florø (11 000 Einw.), die westlichste Stadt Norwegens, liegt inmitten eines weitläufigen Schärengartens. Seine Gründung um 1860 verdankt es dem Heringsfang; an diese Zeit erinnern am Kutterhafen noch einige Speicher. Fischfang und -verarbeitung, Schiffbau und vor allem die Exploration des Erdöl- und Erdgasfelds vor der Küste bilden heute die Haupterwerbsquellen.

HISTORISCHES STADTBILD, KUNSTMUSEEN UND HERRLICHE NATUR DIREKT VOR DER HAUSTÜR – BERGEN LOHNT EINEN LÄNGEREN AUFENTHALT.

MUSEUM
Besuchenswert ist das **Sogn og Fjordane Kystmuseum,** das Ausstellungen zu Fischerei und Erdölförderung sowie ein Fischerhaus vom Anfang des 20. Jh. zeigt (Brendøyvegen, www.kyst.museum.no; Mitte Juni–Mitte Aug. Mo.–Fr. 11.00–17.00, Sa./So. 12.00–16.00, sonst Di.–Fr. 10.00–15.00 Uhr).

INFORMATION
Florø Turistkontor, Strandgata 30, N-6900 Florø, Tel. 57 74 30 00, www.fjordkysten.no

3 Måløy

Auch diesen (in beide Richtungen kurzen) Stopp mitten in der Nacht verschlafen die meisten Passagiere – und verpassen nicht viel, denn die kleine Stadt Måløy (3300 Einw.) setzt mehr auf Fischfang und -verarbeitung als auf Tourismus.

ERLEBEN
Måløy liegt auf einer Insel, die der schmale Ulvesund vom Festland trennt. Seit 1974 überspannt eine 1224 m lange **Brücke** den Sund, unter der die Hurtigrutenschiffe hindurchfahren. Bei starkem Wind soll die Brücke ein hohes C „singen".
Rund 10 km nordwestl. der Stadt erhielt der **Kannestein** in Jahrtausenden durch Brandung und andere Erosionskräfte die Form eines Ambosses. Nördl. von Måløy liegt bei Refvik ein 1,5 km langer, schneeweißer **Sandstrand,** der zu den schönsten Norwegens zählt.

HOTEL
Der **Leuchtturm Kråkenes** liegt exponiert auf einer bei Sturm von heftiger Brandung gepeitschten Felsrippe an der Nordspitze der Insel Vågsøy. Der Leuchtturm bietet einfache, aber außergewöhnliche Übernachtungsmöglichkeiten sowie ein Sommercafé (**€ € Kråkenes Fyr**, Raudeberg, Tel. 92 99 79 13, https://krakenesfyr.com).

UMGEBUNG
Knapp 3 Std. nach dem Ablegen in Måløy erreicht das Schiff **Torvik** auf der Insel Leinøya (gegenüber Ulsteinvik). Die Streusiedlung besteht nur aus wenigen Häusern und besitzt keinerlei touristische Infrastruktur. Wiesen und Weiden reichen direkt bis an den Kai. Der kurze Stopp reicht gerade, um sich ein wenig die Füße zu vertreten.
Einige Minuten nach dem Ablegen bietet sich auf der Backbordseite ein Blick auf die **Vogelinsel Runde,** das nördlichste Eiland des Archipels Sørøyane (Südinseln). Von Mai bis Okt. hat man gute Chancen, vom Schiff aus mit dem Fernglas Seevögel zu beobachten.

INFORMATION
Måløy Turistinformasjon, Gate 1, N-6700 Måløy, Tel. 57 87 40 40, www.nordfjord.no

VOM HARDANGERFJORD AUF DIE HARDANGERVIDDA

Kinsarvik am Sørfjord, einem Seitenarm des Hardangerfjords, ist der Ausgangspunkt für eine anstrengende, aber umso lohnendere Wanderung durch das Kinsotal bis auf die Hardangervidda. Das Kinsotal gehört zu den wildesten und schönsten Tälern Westnorwegens. Der Kinso führt ganzjährig viel Wasser und überwindet in mehreren Stufen und Wasserfällen rund tausend Höhenmeter von der Hardangervidda bis zum Fjord.

Auf der Wanderung durch das bis heute weitgehend naturbelassene Tal kommt man zunächst an einem bereits 1917 in Betrieb genommenen Wasserkraftwerk und dann an vier großen Wasserfällen vorbei: Tveitafoss, Nyastølfoss, Nykkjesjøfoss und schließlich Søtefoss, der sich besonders imposant präsentiert. Er bringt es auf eine Gesamthöhe von 273 Metern, wobei das Wasser 176 Meter senkrecht zu Tal stürzt. Die Gischt der tosenden Wasserfälle überzieht die gesamte Umgebung mit einem feinen Schleier aus kleinsten Wassertröpfchen, was einer üppigen Vegetation den Weg bereitet. Feuchtigkeitsliebende Pflanzen sieht man selten in so üppiger Vielfalt wie im Kinsotal zu beiden Seiten des Flusses. Felsbrocken sind mit einem dicken Moosteppich überzogen, und von den Bäumen hängen lange Bärte aus Moosen und Flechten.

Der Nyastølfoss ist auch im an Wasserfällen reichen Norwegen ein Hingucker!

Beim Aufstieg bietet sich anfangs eine gute Aussicht auf den immer kleiner werdenden Fjord, bis die Landschaft zunehmend karger wird und die baumlose Hardangervidda mit ihren gerundeten Bergkuppen weite Blicke ermöglicht.

Tourprofil: 22,5 km (insgesamt, hin und zurück), ca. 960 Höhenmeter, ca. 7 Std. 30 Min. reine Gehzeit. Die komplette Tour erfordert eine gute Kondition. Aber auch wer nur bis zum ersten Wasserfall aufsteigt, genießt den Blick auf den Fjord und die üppige Vegetation. **Start und Ziel** befinden sich am Parkplatz Mikkelparken; alternativ fährt man über die Fv 108 zu dem Parkplatz in einem kleinen Gewerbegebiet direkt am Fluss und spart damit rund 5 km und 120 Höhenmeter.

Von Måløy nach Trondheim

ALTE STÄDTE AN SCHÖNEN FJORDEN

Ålesund ist nicht Rio – auch wenn es einen Zuckerhut hat. Dafür präsentiert es wunderschöne Jugendstilhäuser. Den Geirangerfjord sollte man aus allen Perspektiven genießen. Und Trondheim darf man nicht versäumen, weil die Stadt an jeder Ecke eine andere Facette ihrer langen Geschichte zeigt.

An einer der Ørnesvei-Serpentinen eröffnet der Aussichtspunkt Ørnesvingen diesen herrlichen Geirangerfjordblick.

Blick über Ålesunds Brosund auf die Jugendstilhäuser und alten Speicherbauten an der Apotekergata. Linker Hand befindet sich das Jugendstilzentrum.

An vielen Häusern Ålesunds sind hübsche Jugendstilverzierungen zu finden. Besonderer Stolz gilt der alten Apotheke, in der heute das Jugendstilzentrum untergebracht ist – im Bild der Besuchershop.

Beim Blick vom Hausberg Aksla auf die Altstadt Ålesunds ist deren Insellage gut zu erkennen.

DER BLICK VOM HAUSBERG AKSLA ZEIGT: DER TITEL »VENEDIG DES NORDENS« WIRD BEI ÅLESUND NICHT GRUNDLOS BEMÜHT.

Nicht nur Rio de Janeiro hat einen Zuckerhut – auch Ålesund kann einen vorweisen, der hier Sukkertoppen genannt wird. Mit einer Höhe von 314 Metern ist er gar nicht so viel niedriger als das brasilianische Original. Eine Seilbahn hinauf zum Gipfel sucht man allerdings vergebens. Wer von oben den Panoramablick über die Hafenstadt genießen möchte, muss ein wenig schwitzen und holt sich auf den sumpfigen Wegabschnitten höchstwahrscheinlich schmutzige Schuhe. Trotzdem zieht es viele auf den Gipfel, Norweger wandern eben gern. Und die Aussicht auf Ålesund und die umgebenden Fjorde, Inseln und Berge ist vom Sukkertoppen einfach grandios.

BESTIMMT VOM JUGENDSTIL

Bald nach der Umrundung des Sukkertoppen legen die Hurtigrutenschiffe in Ålesund an. Vom Kai sind es wenige Minuten zum Brosund, dem maritimen Zentrum der Stadt. Zu beiden Seiten der schmalen Wasserstraße stehen stattliche Häuser, davor liegen Jachten, Segelboote und Fischkutter vertäut, die ihren Fang direkt vom Schiff verkaufen. Bänke und Cafés laden zum Verweilen, Genießen und Schauen ein.

Ålesund ist die einzige Jugendstilstadt Norwegens. Wie es zu diesem Alleinstellungsmerkmal kam, erzählt das Jugendstilzentrum – dank Multimedia ist man mittendrin im Geschehen. Knisterndes Feuer verwandelt den großen Bildschirm in ein Flammenmeer: Es ist der 23. Januar 1904 um zwei Uhr nachts. Im Hafen hat jemand in einer Margarinefabrik eine Öllampe umgestoßen und damit eine Katastrophe ausgelöst. Ein heftiger Wind facht das Feuer an, 800 Holzhäuser brennen, 10000 Ålesunder werden obdachlos.

Dank tatkräftiger Hilfe – unter anderem vom norwegenverliebten deutschen Kaiser Wilhelm II. – ging der Wiederaufbau der Stadt seinerzeit schnell voran. Damit sich solch ein Brand nicht wiederholen kann, durften nur noch Steinhäuser gebaut werden. Die knapp zwei Dutzend beteiligten Architekten waren – dem Zeitgeist verpflichtet – vom Jugendstil beeinflusst, den sie durch nationalromantische Elemente ergänzten. Das Ergebnis waren Häuser mit fantasievollen Türmen, Spitzen und Ornamenten, von denen noch heute viele das Stadtbild Ålesunds prägen.

DRAMATISCHE NATUR

Von Anfang an war es die Aufgabe der Hurtigruten, Post, Fracht und Reisende möglichst schnell entlang der Küste zu transportieren. Diesem Grundsatz ist

Seit über 160 Jahren dient Geirangers Kirchlein der Gemeinde als Gotteshaus (ganz oben). Hoch über dem Geirangerfjord liegt der Bergbauernhof Skageflå (oben), der nur zu Fuß und nach einer Bootsfahrt zu erreichen ist.
Der Fjord ist eines der Pflichtziele aller Norwegen-Kreuzfahrer, und auch die Hurtigrutenpassagiere genießen gern das Panorama.

Norwegens Fjordland – der Geirangerfjord ist der berühmteste von allen.

An Kristiansunds Leben vor dem Nordsee-Erdöl erinnern sein Norsk Klippfiskmuseum (rechts) und die Museumswerft Mellemwærftet (unten rechts). Es gab Zeiten, da galt Bud, nördlich von Molde, als größter Handelsplatz zwischen Bergen und Trondheim (ganz rechts). Auf dem Weg von Molde nach Kristiansund lohnt die um 1300 errichtete Stabkirche Kvernes einen Abstecher (unten); im Hochsommer ist sie auch innen zu besichtigen.

man bis heute treu geblieben. Auch wenn sich so mancher Passagier auf einem Kreuzfahrtschiff wähnt – Zeit für Umwege und Abstecher ist nicht vorgesehen. Von der streng sachlichen Routenführung gibt es nur zwei Ausnahmen, und auch die nur im Sommer: den kurzen Abstecher in den Trollfjord und die Fahrt durch den Geirangerfjord, die immerhin einen ganzen Tag kostet. Dabei ist der Geiranger weder der längste noch der engste Meeresarm Norwegens. Sein Steckbrief – 15 Kilometer lang und meistens einige Hundert Meter breit – klingt nicht gerade imposant. Doch er ist einer der schönsten und mit Sicherheit der bekannteste Fjord des Landes. Schon die ersten Touristen in Norwegen schwärmten von ihm. Auch die Begründung der

SCHIFFFAHRT UND FISCHEREI WAREN ÜBER JAHRHUNDERTE DAS WIRTSCHAFTLICHE FUNDAMENT DES NORDENS.

UNESCO, den Geiranger- und den Nærøyfjord in das Weltnaturerbe aufzunehmen, klingt enthusiastisch. Von Erhabenheit und Mächtigkeit ist die Rede, von einer dramatischen Naturlandschaft und von der mit Abstand schönsten Fjordlandschaft der Welt.

EIN FJORD WIE EINE POSTKARTE

Rund dreieinhalb Stunden nach dem Auslaufen aus Ålesund verlässt das Schiff mit einem 90-Grad-Schwenk nach Backbord den Sunnylvsfjord und fährt in den Geirangerfjord ein. In sanften Kurven geht es zu dem kleinen Ort Geiranger am Ende des Fjordes. Immer wieder tauchen hoch über den weglosen Ufern verlassene Höfe auf, die nur auf abenteuerlich steilen Pfaden zu erreichen sind. Im Fjordland war früher jedes noch so kleine Stück halbwegs ebene

Trondheims Gamle Bybrua führt hinüber ins Bakkland und wurde ursprünglich als Verbindung zur Festung Kristiansten erbaut. Am Ufer stehen die alten Lagerhäuser „bis zu den Knien“ im Nidelv.

Kleine Holzhäuser und schmale Straßen prägen das Viertel Bakkland, das von Einheimischen wie Touristen wegen seiner Kneipen, Cafés und Geschäfte geschätzt wird.

Trondheims Nidaros-Dom wurde über dem Grab des heiligen Olav errichtet.

Special

Trondheims Dom

Von nationaler Bedeutung

Im Jahr 1030 fiel König Olav II. Haraldsson in der Schlacht von Stiklestad. Ein Jahr später wurde er heiliggesprochen und zum Nationalhelden Norwegens. Eine erste Kirche über seinem Grab entstand bereits Ende des 11. Jahrhunderts.

Der Nidaros-Dom ist die größte mittelalterliche Kirche Skandinaviens. Die ältesten Teile der 100 Meter langen und 50 Meter breiten Kathedrale sind die Querschiffe und die Sakristei im romanischen Stil. Chor, Hauptschiff und der zentrale Turm wurden später gotisch hinzugefügt. Während seiner wechselvollen Geschichte haben Brände das Kirchenschiff verwüstet, es wurde aber immer wieder aufgebaut. Nach einem Brand 1531 blieb der westliche Teil jedoch lange Ruine, erst 1869 begann man mit der Restaurierung. Schwierig war die Gestaltung der Westfront, gab es doch keine verlässlichen Unterlagen zu ihrem ursprünglichen Aussehen. Seit 1988 gehören die Krönungsinsignien wieder zum Nidaros-Dom, in dem bis 1908 alle norwegischen Könige gekrönt wurden. Seit einer Verfassungsänderung werden sie hier nur noch gesegnet. Zudem liegen neun Könige und fast alle Erzbischöfe des Landes in der Kirche begraben. Zum Domkomplex gehört noch das Erzbischofspalais mit mehreren Museen. Hier werden unter anderem die Reichsinsignien aufbewahrt.

Die Westfassade zeigt reine Hochgotik.

Wiese wertvoll, auch wenn es fast unerreichbar war. Einer dieser Berghöfe ist Skageflå, 270 Meter über dem Fjord und bereits 1916 verlassen. An manchen Stellen ist der Berghang hier so steil, dass man ihn nur mit einer Leiter erklimmen kann. An diesem ungewöhnlichen Ort haben König Harald und Königin Sonja 1993 ihre Silberhochzeit gefeiert. Das Bemerkenswerte daran: Das Königspaar und seine Gäste ließen sich nicht einfach von Hubschraubern absetzen, sondern erschienen zu Fuß. Königin Sonja war es auch, die hier 1996 die Plakette enthüllte und signierte, die den Geirangerfjord als Weltnaturerbe ausweist.

Weiter geht es durch den Fjord, vorbei an fast senkrechten Felswänden, die zum Greifen nahe scheinen, und zu Wasserfällen mit so poetischen Namen wie „Brautschleier“, „Sieben Schwestern“ und „Freier“. Im Sommer platzt der kleine Ort Geiranger aus allen Nähten, vor allem wenn mehrere Kreuzfahrtschiffe gleichzeitig ankommen und die Passagiere auf der Suche nach Postkarten, Norwegerpullovern, Tischdecken, Käsehobeln, Trollen und ähnlichen Souvenirs sind. Ein Teil von ihnen wird gleich in die wartenden Busse verfrachtet, um vom Ørnevegen, dem Adlerweg, den klassischen Blick auf den Fjord der Fjorde zu werfen.

Trondheims Freilichtmuseum: Im ehemaligen Dorfladen stehen selbstverständlich auch die von Norwegern geliebten Konserven mit Fischklößchen im Regal. Nach dem Stadtbrand von 1681 wurde auf den östlichen Höhen vor der Stadt die Festung Kristiansten errichtet – es war die Zeit der Schwedenkriege. Nicht weniger als 1800 auch historische Musikinstrumente sind im Ringve-Museum zu finden. Zu den festen Veranstaltungen im Trondheimer Jahreslauf gehören die sommerlichen Mittelalterfeste, die in historischen Kostümen begangen werden.

ZWISCHEN FJORD UND FLUSS

Kommt die kleine Insel Munkholm in Sicht, ist es nicht mehr weit bis Trondheim. Die wechselvolle Geschichte von Munkholm begann als Richtplatz, dann entstand hier eines der ersten Benediktinerklöster Norwegens. Nach der Reformation wurde die Insel zur Festung ausgebaut, später diente sie als berüchtigtes Gefängnis und als Zollstation. Heute ist Munkholm ein beliebtes Ausflugsziel mit Restaurant und schönem Sandstrand.

Trondheim, dessen Zentrum auf einer Halbinsel zwischen Fjord und Fluss liegt, blickt auf eine mehr als tausendjährige Geschichte zurück. Eine Geschichte, die an vielen Stellen der Stadt noch präsent ist. Mitten auf dem Marktplatz blickt von einer hohen Säule der Stadtgründer

TRONDHEIMS TAUSENDJÄHRIGE GESCHICHTE IST NOCH AN VIELEN STELLEN DER STADT PRÄSENT.

Olav Tryggvason; wer bei Sonnenschein kommt, sieht, dass das Mosaik der Pflastersteine um die Statue als riesige Sonnenuhr dient. Ein weiterer Meilenstein ist der mit seinem spitzen grünen Turm weithin sichtbare Nidaros-Dom. Hoch über der Stadt thront die Festung Kristiansten, die Trondheim Anfang des 18. Jahrhunderts vor der Eroberung durch die Schweden rettete. Eines der beliebtesten Fotomotive bilden die Speicherhäuser an beiden Ufern des Nidelv, die ältesten stammen aus dem 18. und 19. Jahrhundert.

Über die alte Stadtbrücke mit dem Glücksportal gelangt man vom Zentrum in den Stadtteil Bakkland, bekannt für seine kleinen Holzhäuser, in denen sich heute Cafés, Werkstätten und Boutiquen befinden. Hier lässt sich gut einige Zeit verbringen – sofern der strenge Fahrplan nicht zur Rückkehr an Bord mahnt.

ZUR **SACHE**

Gletscher und Fjorde

EIN LAND, VOM EIS MODELLIERT

Vom Süden bis in den hohen Norden prägen Fjorde die Küste, doch nirgendwo sind sie länger, tiefer, wilder und imposanter als in Westnorwegen. Der Jostedalsbre, Norwegens größter Gletscher, ist unberechenbar, aber auch wunderschön, mit seinem weißen Plateau und den zu Tal fließenden Eiszungen.

Die längsten Fjorde, der Sogne- und der Hardangerfjord, reichen weit ins Land hinein. Seeseitig sind sie so breit, dass man sich immer noch auf dem offenen Meer wähnt, landeinwärts aber verästeln sie sich in immer kleinere Arme. Gut 200 Kilometer dringt der Sognefjord ins Landesinnere vor, damit ist er der längste Fjord Europas; auch seine größte Tiefe erreicht kein anderer: mehr als 1300 Meter. Seine Ausläufer streifen Hardangervidda, Jotunheimen und Jostedalsbre.

Spektakulärer als diese Rieseneinschnitte sind jedoch häufig die kleinen Fjorde, die von oftmals fast senkrechten und mehr als tausend Meter hohen Felswänden beinahe erdrückt werden. Zu den schönsten zählen die Seitenarme des Sognefjords: der zum UNESCO-Weltnaturerbe gehörende Nærøyfjord, der Aurlandsfjord und der Lustrafjord.

Dank des Golfstroms ist das Klima im Fjordland mild; vor allem am Hardangerfjord wähnt man sich viel weiter südlich. Blühende Apfel-, Birn-, Pflaumen- und Kirschbäume tauchen die Abhänge im Frühjahr in ein weißrosa Farbenmeer. Und selbst im Winter bleiben die Fjorde bis hinauf nach Kirkenes nahezu eisfrei. Dennoch haben es die Menschen hier nicht leicht. Fruchtbares Land ist knapp, ein schmales Stück am Ufer oder ein paar Quadratmeter in luftiger Höhe sind oft alles, was ihnen bleibt. Auch der Brückenbau gestaltet sich meist schwierig. Wer den Nachbarn besuchen will, muss deshalb selbst heute noch oft ins Boot steigen.

IMPOSANTE RELIKTE

Fjorde sind besonders eindrucksvolle Relikte der letzten Eiszeit, vom Gletschereis geformte, u-förmige Täler, die sich zum Meer hin öffnen. Mächtige Gletscher flossen einst vom Gebirge im Osten hinab und gruben sich dabei immer tiefer in den Meeresgrund. Wenn die Fjordtiefe rund neunzig Prozent der Gletscherdicke erreichte, begann das Eis zu schwimmen und verlor so seine Erosionskraft. Die Eismassen, die nachdrückten, schoben Gestein vor sich her, das sich am Fjordausgang ablagerte.

Unterhalb des Brikdalsbre bildet der Gletscherfluss diesen spektakulären Wasserfall. Das Bild links zeigt die Svartisen-Gletscherzunge nahe Ørnes.

IMMER IN BEWEGUNG

Nördlich des Sognefjords liegt mit dem Jostedalsbre der größte europäische Festlandsgletscher. Sein Plateau, aus dem einige eisfreie Gipfel herausragen, reicht bis in eine Höhe von 2000 Metern. Von diesem Hochplateau fließen mehr als zwei Dutzend Gletscherzungen zu Tal, mit einer Dicke von bis zu 500 Metern. Da um den Jostedalsbre noch viele weitere kleinere Eisfelder liegen, nennen die Norweger das Gebiet Breheimen, Heimat der Gletscher. Seit 1991 stehen 1315 Quadratkilometer des Gletschers als Nationalpark unter Schutz.

VON DEN EISIGEN HOCHPLATEAUS FLIESSEN DUTZENDE GLETSCHERZUNGEN ZU TAL. VOM SVARTISEN IN DER NÄHE DES POLARKREISES SOGAR BIS FAST ANS MEER.

Der Nigardsbre, eine Zunge des Jostedalsbre, macht mehr als deutlich, wie eindrucksvoll sich ein Gletscher von Nahem zeigt.

Der Jostedalsbre ist allerdings kein Relikt der letzten Eiszeit. Erst eine Klimaveränderung vor etwa 2500 Jahren führte dazu, dass im Winter mehr Schnee fiel, als im Sommer abtaute. Im Lauf der Zeit wurde der Schnee zu Eis gepresst. Jeder Gletscher hinterlässt bei seinen Vorstößen und Rückzügen Spuren, die Moränen. Mit ihrer Hilfe lassen sich seine Veränderungen gut rekonstruieren. Besonders eindrücklich sind diese Moränenstaffeln am Nigardsbre, einer Gletscherzunge an der Ostseite des Jostedalsbre.

Noch um 1750, während der sogenannten Kleinen Eiszeit, endete das Eis fünf Kilometer weiter unten im Jostedal. Zu dieser Zeit wuchs der Gletscher enorm und begrub viele Höfe unter sich. Als es wieder wärmer wurde, zog sich das Eis ebenso schnell zurück – in den letzten hundert Jahren um mehr als drei Kilometer. Aus der Ferne ist gut zu sehen, wie sich der Nigardsbre in sanften Kurven vom Gletscherplateau ins Tal zieht und dabei wie ein erstarrter Fluss wirkt. Doch die Eismassen fließen beständig, die Oberfläche reißt dabei auf, es bilden sich tiefe Spalten und meterhohe Türme. Faszinierend ist das Gletschertor am Ende des Nigardsbre; dort quillt trübes Schmelzwasser unter dem Eis hervor und bildet einen schäumenden Fluss.

GLOBALE KLIMAERWÄRMUNG

Als eine von wenigen Gletscherzungen in Norwegen reagiert der Nigardsbre in den letzten Jahren auf die globale Klimaerwärmung mit Rückzügen und Vorstößen zugleich. Eindeutig auf dem Rückzug befinden sich hingegen zwei der bekanntesten Gletscherzungen – die zum Jostedalsbre gehörenden Bøyabre und Briksdalsbre. Beide haben viel von ihrer Masse verloren und sich weit zurückgezogen. Wenn dieser Trend anhält, werden sie in wenigen Jahrzehnten ganz von der Bildfläche verschwunden sein.

Multimediales Gletscherwissen

Das Breheimzentrum im Jostedal – mit gutem Blick auf das Nigardtal und den Nigardsbre – sieht aus wie ein umgestülptes Wikingerschiff. Eine Ausstellung mit interaktiven Stationen informiert über den Jostedalsbre. Hier kann man auch Ausflüge mit Steigeisen und Seil auf das Eis buchen.
Mai–September mindestens 10.00–17.00, Juli 9.00–20.00 Uhr.
Breheimsenteret, Tel. 57 68 32 50, www.jostedal.com

Das Norwegische Gletschermuseum in Fjærland, am Ende eines Seitenarms des Sognefjords, informiert ebenfalls umfassend und multimedial über den Jostedalsbre.
April–Oktober 10.00–16.00, Juni–August 9.00–19.00 Uhr.
Norsk Bremuseum, Tel. 57 69 32 88, www.bre.museum.no

Ein Hurtigrutenschiff im Geirangerfjord. Das uralte Anwesen Skageflå ist ein beliebtes Wanderziel und Beispiel für die Bergbauernhöfe Fjordnorwegens.

Maßstab 1:2.000.000
0
40km
1
2
3
4
5
TRONDHEIM
BERGEN
Ålesund
Lillehammer
Røros
N O R G E
Frohavet
Hurtigruten
Vikna
Rørvik
Otterøya
Namsos
Steinkjer
Verdalsøra
Levanger
Stjørdalshalsen
Frøya
Hitra
Smøla
Tustna
Kristiansund
Averøya
Nordmøre
Molde
Gossa
Hustadvika
Ertvågøya
Sunndalsøra
Sunndalen
Oppdal
Romsdalen
Åndalsnes
Trollstigen
Dovrefjell
Dombås
Sunnmøre
Geirangerfjorden
Systre
Pollfoss
Reinheimen nasjonalpark
Ottadalen
Jostedalsbreen n.p.
Breheimen
Jostedalen
Jotunheimen n.p.
Ridderspranget
Rondane n.p.
Gudbrandsdalen
Østerdalen
Stavkirke
Urnes
Nærøyfjorden
Stalheimskleiva
Vøringfossen
Hallingdal
Valdres
Ormtjernkampen n.p.
Stadlandet
Sandøy
Bremangerlandet
Ålfotbreen
Sula
Ytre Sula
Stølsheimen
Hardangerjøkulen
Hallingskarvet n.p.
Florø
Førde
Voss
Fjærland
Sogndal
Lærdalsøyri
Borgund
Lom
Otta
Vinstra
Hamar
Gjøvik
Elverum

HÖHEPUNKTE DER KULTUR, NATUR UND HISTORIE

Norwegens Jugendstilhochburg Ålesund beeindruckt mit schönen Fassaden, der Geirangerfjord mit herrlichen Ausblicken auf steile Felswände und Trondheim nicht nur mit seinem Dom. Auf dieser Etappe kommen bei den Landgängen Kulturinteressierte wie Liebhaber nordischer Landschaften gleichermaßen auf ihre Kosten.

1 Geiranger

Der kleine Ort am Ende des Geirangerfjords hat nur 300 ganzjährige Einwohner und lebt fast ausschließlich vom Tourismus. Den größten Teil des Jahres ist Geiranger ein ruhiges Fleckchen, im Sommer aber herrscht Hochbetrieb. Autos, Wohnmobile und Motorräder verstopfen die Passstraßen, während im Fjord oft mehrere Kreuzfahrtschiffe zugleich vor Anker liegen.

SEHENSWERT
Die Fahrt durch den **Geirangerfjord** TOPZIEL gehört zum Pflichtprogramm. Selbst die Hurtigruten können sich dem nicht entziehen und machen im Sommer dafür einen Umweg. Im **Norsk Fjordsenter** erfahren Besucher multimedial viel über das Fjordland, können ein Kunstcafé besuchen und im Souvenirshop stöbern (Tel. 70 26 38 10, www.fjordsenter.com; bis Mitte April 2023 wegen Umbau geschl.).

EINKAUFEN
Nur wenige Schritte vom Kai warten Läden mit Souvenirs wie Norwegerpullovern, Trollen, Tischdecken oder Käsehobeln auf Käufer.

INFORMATION
Geiranger Turistkontor,
Geirangervegen 2,
N-6216 Geiranger, Tel. 70 26 30 07,
www.fjordnorway.com

Tipp

Blick von oben

418 Stufen führen vom Ålesunder Stadtpark auf den Stadtberg Aksla. Es geht aber auch bequemer: Eine Straße führt zu dem Aussichtspunkt. Bei schönem Wetter genießt man einen weiten Blick über die Stadt, die Inseln der Umgebung und die Sunnmøre-Alpen. Eine Tasse Kaffee und ein Stück Kuchen auf der Terrasse der Fjellstua lohnen sich auch bei wolkenverhangenem Himmel.

Blick auf den Geirangerfjord. Die Glasbläserin Ingrid Ulla trifft man in Ålesunds Einarvikgata.

2 Ålesund

Ålesund (55 000 Einw.) ist das Zentrum der Sunnmøre-Region. Der auf mehreren Inseln erbaute Stadtkern sowie das weitläufige Fjordsystem mit weiteren Inseln sind die Attraktion der Region. Mitte des 15. Jh. gründeten Kaufleute aus Bergen hier einen Zwischenhandelsposten (Stadtrecht 1848), der sich zu einem der größten Fischereihäfen und einem der bedeutendsten Exportstandorte für Stockfisch in Norwegen entwickelte.

SEHENSWERT
1904 zerstörte ein Großbrand fast alle Holzhäuser der Stadt. Um einer weiteren Katastrophe vorzubeugen, durften danach keine Holzhäuser mehr gebaut werden – so entstand die heutige **Jugendstilstadt** TOPZIEL. Dank einer Spende Kaiser Wilhelms II. dauerte der Wiederaufbau nur drei Jahre. Bis heute ist Ålesund der einzige Ort Norwegens, in dem typisches Blumendekor, Erker, Türmchen und andere Jugendstilornamente das Altstadtbild prägen. In einem dafür beispielhaften Gebäude der Stadt, der ehem. **Svaneapotek** (Schwanenapotheke), ist das Jugendstilsenteret untergebracht. Die Ausstellung und eine Multimediaschau erzählen vom großen Stadtbrand und der Geschichte des Jugendstils (Apotekergate 16, Tel. 70 23 90 00, www.vitimusea.no; Di.–So. 11.00–16.00 Uhr).

MUSEEN
Das **Aalesunds Museum** lässt anhand von Exponaten, Modellen, Fotos und Gemälden die Geschichte der Stadt Revue passieren (Rasmus Rønnebergsgate 16, Tel. 47 88 33 03, www.aalesunds.museum.no; Mitte Juni–Ende Aug. Mo. bis Fr. 9.00–16.00, Sa./So. 12.00–16.00 Uhr, sonst n. Abspr.). An der Altstadtmole erzählt das **Fischereimuseum** in einem Speicher von 1861, wie früher Klippfisch und Tran produziert und exportiert wurden (Molovegen 10, Tel. 70 23 90 00, www.vitimusea.no; Juni–Aug. Mo. bis Fr. 10.00–16.00, Sa./So. 12.00–16.00, sonst Sa. 12.00–16.00 Uhr).
Im **Atlanterhavsparken** (Atlantikpark), einem der größten Aquarien Norwegens, ist die durch einen Taucher durchgeführte Fütterung der

Fische in einem Schaubecken sehenswert (Tuenesvegen, Tel. 70 10 70 60, www.atlanterhavsparken.no; Juni–Aug. tgl. 9.00–17.00, sonst 10.00–16.00 Uhr).

ERLEBEN
Ende Aug. finden in Ålesund **Den Norske Matfestivalen** (Gourmetfestival) und die Meisterschaft der Spitzenköche statt (https://matfestivalen.no).

INFORMATION
Turistinsformasjonen i Ålesund, Skateflukaia, N-6002 Ålesund, Tel. 70 30 984 00, www.fjordnorway.com/en/destinations/alesund--geiranger

Molde

Molde, am Nordufer des gleichnamigen Fjordarms gelegen, schmückt sich gern mit dem Titel „Stadt der Rosen“, die hier dank des Golfstroms und der geschützten Lage üppig blühen. Die alte Bausubstanz des seit dem 15. Jh. von Holz und Fisch lebenden Ortes wurde im Zweiten Weltkrieg fast vollständig zerstört, weshalb Molde heute überwiegend funktionalistische Nachkriegsarchitektur zeigt, darunter die Domkirche von 1957.

SEHENSWERT
Bekannt ist die Stadt für das Molde-Panorama: Vom 407 m hohen **Aussichtsberg Varden** blickt man auf mehr als 200 Gipfel, von denen einige das ganze Jahr über mit Schnee bedeckt sind. Etwas außerhalb liegt das **Romsdalsmuseum,** ein Freilichtmuseum mit historischen Gebäuden der Provinz Møre og Romsdal (Per Amdamsvei 4, www.romsdalsmuseet.no; Gelände frei zugänglich, Häuser Mitte Juni–Mitte Aug. tgl. 11.00–15.00 Uhr, neues Museumsgebäude Krona: wechselnde Öffnungszeiten, s. Webseite).

ERLEBEN
Seit 1961 findet jedes Jahr Mitte Juli das Festival **Moldejazz** mit mehr als 100 Konzerten und vielen internationalen Künstlern statt (www.moldejazz.no).

HOTEL
Ein Teil des **€ € € Scandic Seilet Hotel** ragt wie ein großes Segel in den Fjord. Die sehenswerte Architektur garantiert darüber hinaus eine fantastische Aussicht (Gideonvegen 2, Tel. 71 11 40 00, www.scandichotels.no).

UMGEBUNG
Der **Atlanterhavsvegen** (Atlantikweg), „norwegisches Bauwerk des Jahrhunderts“, ist nicht die kürzeste Verbindung zwischen Molde und Kristiansund, aber mit Sicherheit die spektakulärste. Der gut 8 km lange Abschnitt der Reichsstraße 64 beginnt bei Vevang (östl. Hustad) und führt über acht Brücken bis Kårvåg. Von den Aussichtspunkten auf den Brücken reicht der Blick über ein Gewirr aus Schären und Holmen. Während der Herbst- und Winterstürme brechen sich die Wellen haushoch an den Felsen und überziehen den Atlantikweg mit weißer Gischt.

INFORMATION
www.fjordnorway.com/de/sehenswurdigkeiten/molde

4 Kristiansund

Die auf drei Inseln erbaute Stadt (24 000 Einw.), ein bereits in der Steinzeit genutzter Siedlungsplatz, wurde nach dem dänisch-norwegischen König Christian VI. benannt (Stadtrecht 1742) und besitzt erst seit den 1990er-Jahren eine Festlandverbindung mit Brücken und Tunneln. Wichtigste Wirtschaftszweige sind der Fischfang, die Verarbeitung des Fisches zu Klipp- und Stockfisch sowie der Versorgungshafen für die Ausbeutung der Erdöl- und Erdgasvorkommen gut 100 km vor der Küste.

SEHENSWERT
Die moderne **Kirkeland-Kirche** (1964) oberhalb des Zentrums beeindruckt vor allem durch ihre mehr als 300 farbigen Fenster.
Das **Nordmøre Museum** hat mehrere Dependancen in der Stadt und widmet sich vor allem der lokalen Geschichte und natürlich der Fischerei (Storgate 19). Zum Museum gehören auch eine Museumswerft am Westufer des Hafenbeckens (Mellemværftet, Kranaveien 22) sowie das Klippfischmuseum (Milnbrygga, Dikselveien; Öffnungszeiten für alle Museen: https://nordmorsmusea.no/besok-oss).

RESTAURANT
Typische Klippfischgerichte in maritimer Atmosphäre serviert **€ € € Sjøstjerna** (Skolegate 8, Tel. 71 67 87 78, www.sjostjerna.no, So. geschl.).

INFORMATION
www.fjordnorway.com/de/sehenswurdigkeiten/kristiansund

5 Trondheim

Olav I. Tryggvason, als Wikinger ein Schrecken Englands, und sein als Märtyrer heiliggesprochener Sohn Olav II. Haraldsson machten vor rund tausend Jahren Trondheim, das zu dieser Zeit noch Nidaros hieß, zur bedeutendsten Stadt des Landes und zu einem Zentrum der Christianisierung. Auch nach ihnen war die Stadt am Nidelv als bekanntester Wallfahrtsort des Nordens ein wichtiges Machtzentrum, das Hauptstadt, Königsresidenz und Bischofssitz vereinte. Als der letzte katholische Erzbischof 1537 Trondheim verließ, folgten Jahre des Niedergangs; erst im 18. Jh. entwickelte sich wieder ein wichtiges Handelszentrum, das dank der Eisenbahn (ab 1877) zu einer industriellen Hochburg wurde. Heute ist Trondheim mit 210 000 Einw. die drittgrößte Stadt Norwegens, die dank ihrer Universität mit mehr als 40 000 Studierenden recht jugendlich wirkt. In der nach dem Stadtbrand 1681 rechtwinklig angelegten Altstadt sind noch alte Holzhäuser erhalten.

Berglandschaft am Geirangerfjord.
Im Trondheimer Hafenspeicher residiert das Musikmuseum Rockheim.

SEHENSWERT
Größte Sehenswürdigkeit ist der nach Bränden 1869–1930 wiederhergestellte **Nidaros-Dom** **TOPZIEL** (urspr. ab 1152; Juni–Aug. Mo.–Fr. 10.00–17.00, Sa. 10.00–14.00, So. 13.00–16.00, sonst Mo.–Sa. 9.00–14.00, So. 13.00–16.00 Uhr) mit dem angrenzenden **Erkebispegård** (Erzbischöfliches Palais; urspr. 12. Jh.), der heute Museen beherbergt (u. a. Museet Erkebispegården og Riksregaliene, www.nidarosdomen.no; stark wechselnde Öffnungszeiten, s. Webseite). Nach nur wenigen Schritten Richtung Nordosten ist man an der **Gamle Bybrua** (1861) mit dem Glücksportal im neugotischen Stil und schaut auf die hölzernen Speicherhäuser der **Brygge** aus dem 18. und 19. Jh. zu beiden Seiten des Flusses. Jenseits der Brücke liegt der Stadtteil Bakklandet mit vielen alten Holzhäusern, in denen heute gemütliche Cafés und Restaurants Gäste bewirten. Über der Stadt thront die Festung **Kristiansten** aus dem 17. Jh.
Auch am Vestre Kanalhavn in der Nähe des Bahnhofs gibt es noch einige alte Speicherhäuser. Vor allem vormittags lohnt der Fischmarkt Ravnkloa einen Besuch. Der **Stiftsgård** (um 1770) in der Munkegata ist ein prächtiges Holzgebäude, das die Königsfamilie während ihrer Besuche in Trondheim nutzt. Auf dem Marktplatz **Torget** erinnert seit 1923 eine Säule mit Standbild an den Stadtgründer Olav Tryggvason.

MUSEEN

Das **Kunstmuseum** zeigt hauptsächlich norwegische Werke von der Mitte des 19. Jh. bis zur Gegenwart (Bispegate 7 b, Tel. 73 53 81 80, https://trondheimkunstmuseum.no; Mitte Juni bis Aug. Di.–So. 11.00–17.00, sonst Do.–So. 12.00–16.00, Mi. bis 20.00, Uhr). Das **Nordenfjeldske-Kunstindustriemuseum** präsentiert historisches und modernes Kunsthandwerk und Design (Munkegate 5, Tel. 73 80 89 50, https://nkim.no; Mitte Juni–Mitte Aug. Di.–Fr. 11.00–16.00, Sa./So. 10.00–17.00, sonst Di., Mi., Fr. 10.00–15.00, Do. 12.00–19.00, So. 12.00 bis 16.00 Uhr). Im **Sjøfartsmuseum** sind Segelschiffsmodelle, Galionsfiguren, Navigationsinstrumente und Bilder von Segelschiffen zu sehen (Kjøpmannsgata 75, Tel. 73 52 89 75, https://trondheimsjofart.no; Juni–Mitte Aug. Mo.–Fr 10.00–15.00, Sa./So. 12.00–16.00, sonst Di.–Fr. 10.00–15.00, Sa. 12.00–16.00 Uhr).
Etwas westl. außerhalb der Stadt ist das **Sverresborg Trøndelag Folkemuseum** mit rund 80 Gebäuden eines der größten Freilichtmuseen Norwegens (Sverresborg allé 13, https://sverresborg.no; Mitte Juni–Aug. tgl. 10.00 bis 17.00, sonst Di.–Fr. 10.00–15.00, Sa./So. 11.00 bis 15.00 Uhr).
Östl. der Altstadt, auf der Lade-Halbinsel, ist in einem Herrenhof aus dem 19. Jh. das **Ringve Musikkmuseum** TOPZIEL zu Hause, das nationale Musikinstrumentenmuseum. Während der Führungen durch die wie in den 1880er-Jahren ausgestatteten Räume werden einige Instrumente gespielt (Lade allé 60, Tel. 73 87 02 80, https://ringve.no; Juli tgl. 10.00–17.00, sonst Di. bis So. 11.00–16.00 Uhr).
Im **Musikmuseum Rockheim** geht es zur Sache. Hier bestimmen Besucher, was sie hören möchten: Ton, Bild und Video sind interaktiv zu steuern (Brattørkaia 14, Tel. 73 60 50 70, https://rockheim.no; Di.–Fr 10.00–16.00, Sa./So. 11.00 bis 17.00 Uhr).

ERLEBEN

Während der **Olavsfesttage** Ende Juli, die an Olav Haraldsson erinnern, gibt es Konzerte, Ausstellungen, Theateraufführungen und einen Mittelaltermarkt (https://olavsfest.no).

HOTEL UND RESTAURANTS

Glasarchitektur direkt am Fluss bestimmt das **€ € € Royal Garden Hotel** (Kjøpmannsgata 73, Tel. 73 80 30 00, www.radissonblu.no/hotell-trondheim).
Hinter einer Holzfassade verbirgt sich das urgemütliche Café **€ € € / € € Baklandet** (Skydsstation, Øvre Bakklandet 33, Tel. 73 92 10 44, www.skydsstation.no). Auf der Speisekarte stehen Bacalao, Fischsuppe und verschiedene Heringsorten.
In der **€ € Trondhjem Mikrobryggeri** kann man zwischen acht verschiedenen Hausbieren wählen; dazu passen Pizza und Snacks (Prinsens gate 39, Tel. 92 48 22 00, www.tmb.no).

INFORMATION

Turistinformasjon, Nordre gate 11, N-7011 Trondheim, Tel. 73 53 69 94, https://visittrondheim.no

EIN LANDSCHAFTS-PANORAMA WIE GEMALT

Die Fahrt mit dem Schiff durch den Geirangerfjord ist zweifelsohne spektakulär, doch auch wer an Land geht, wird nicht enttäuscht: Den kleinen Ort Geiranger am Fjordende kann man nur auf spektakulären Serpentinenstraßen verlassen.

Wer von Geiranger nach Valldal fährt, nimmt den Ørneveg, der seinen Namen „Adlerstraße“ absolut zu Recht trägt. In Serpentinen geht es gut 600 m hinauf. Vom Aussichtspunkt bietet sich dann ein Blick auf den tief eingekerbten Geirangerfjord. Spektakulär ist auch die Weiterfahrt nach Åndalsnes, wenn am Trollstigen auf dem Weg hinunter ins Isterdal elf enge Haarnadelkurven zu meistern sind. Als Zugabe stürzt der Wasserfall Stigfoss direkt unterhalb der Straße 180 m in die Tiefe. Eingerahmt wird die Szenerie von den Trolltindane, die der Volksglaube für zu Stein erstarrte Trolle mit rüsselförmigen Nasen, kleinen Augen und mit Moos bedeckten Haaren hält.

Rund 200 m über dem Trollstigen ragt diese spektakuläre Aussichtsplattform hinaus.

Höher geht es nicht: Wer die zweite Möglichkeit wählt, Geiranger auf dem Landweg zu verlassen, gelangt nach einigen Serpentinen zum Aussichtspunkt Flydalsjuvet, von dem aus die Kalendermotive gemacht werden. Eine der höchsten Straßen Norwegens zweigt später zum Dalsnibba-Gipfel (1476 m) ab, von dem der Geirangerfjord inmitten der imposanten Bergwelt winzig wirkt. Wer sich sportlich betätigen möchte, kann hinauf auch einen Wanderweg nehmen.

Im Sommer finden mehrmals tgl. **Fjordrundfahrten** statt. Tickets gibt es im Touristenbüro.
Auch auf der **Autofähre von Geiranger** nach Hellesylt und Valldal, die in der Hauptsaison ebenfalls mehrmals tgl. verkehrt, erlebt man den Geirangerfjord von einer schönen Seite.
Beliebt sind **Seekajaktouren auf dem Fjord** (Kayak More Tomorrow, Tel. 95 11 80 62, https://kayakmoretomorrow.com).

Von Trondheim nach Bodø

*

DER MITTERNACHTSSONNE ENTGEGEN

*

Mit jedem Kilometer Richtung Norden werden die Sommernächte kürzer – bis der Polarkreis erreicht ist. Hier beginnt das Reich der Mitternachtssonne. Die dünn besiedelte Küste und die Inselwelt sind voller merkwürdiger Felsformationen, die schon immer die Fantasie der Menschen beflügelt haben.

Am Hafen von Kjerringøy wartet das „Kjerringøy Havn Bryggehotell" in traumhafter Lage auf Inselgäste.

Auf dem Weg zum Polarkreis: die „Polarlys"
zwischen Rørvik und Brønnøysund

Sommeridyll auf der Insel Vega.
Das dortige Eiderentenmuseum zeigt,
wie die Eiderdaunen aufbereitet
werden.

Rørviks Norveg-Museum, für seine spektakuläre Architektur ausgezeichnet, präsentiert eine Zeitreise durchs Nordland.

ERSTAUNLICHE 26 JAHRE HIELT ES DER STANDHAFTESTE LEUCHTTURMWÄRTER INVALD BOLSØ AUF KJEUNGSKJÆRET FYR AUS.

Trondheim liegt so weit im Inneren des gleichnamigen Fjords, dass die Hurtigrutenschiffe zurück zum offenen Meer gut zwei Stunden unterwegs sind. Abermals wird die Insel Munkholm passiert. An den Fjordufern erscheinen mehrere Industrieorte, unter anderem an Steuerbord Kvithylla mit der großen Werft Fosen Mekaniske Verksted. Hier wurden die Hurtigrutenschiffe „Trollfjord" und „Midnatsol" gebaut – die rund 250 Mitarbeiter verstehen sich auf Kombicarrier für den kombinierten Transport von Fracht und Passagieren. Nach der Umrundung der Insel Garten wird schließlich das offene Meer erreicht. Und eine harte Kursänderung später geht es wieder stramm in Richtung Norden.

Kjeungskjær Fyr, am Eingang zum kurzen Bjugnfjord, markiert einen winzigen Felsbuckel, der regelmäßig bei Hochwasser überflutet wird. Als einziger Leuchtturm Norwegens steht der im Jahr 1880 errichtete, attraktive dunkelrote Turm auf einem achteckigen Grundriss. Bis zur Automatisierung des Leuchtfeuers wurde er mit einem sogenannten Familienfeuer betrieben. Der Leuchtturmwärter wohnte mit Frau, Kindern und Haushälterin auf dem Felseiland und hatte in seinem einsamen Knochenjob dafür zu sorgen, dass das Feuer rund um die Uhr brannte. Einziger Kontakt zur Außenwelt waren Morsezeichen; ein Telefon gab es hier draußen schließlich noch lange nicht. Erstaunliche 26 Jahre hielt es der standhafteste Leuchtturmwärter Invald Bolsø auf Kjeungskjæret Fyr aus; alle vor und nach ihm gaben schon nach wenigen Jahren auf.

INSELN OHNE BEWOHNER

Kjeungskjæret Fyr markiert die Ausfahrt aus dem Trondheimfjord und den Eingang in eine geradezu zerfranst erscheinende Welt aus Zigtausenden Inselchen, mager begrünten Holmen und felsnackten Schären. Von ein paar halb wild lebenden Schafen abgesehen, sind die meisten Inseln mittlerweile unbewohnt. Dem hier einst wirtschaftsbestimmenden küstennahen Fischfang im Winterhalbjahr bleibt die Beute aus, und die einst ergänzende Land- und Forstwirtschaft allein kann die Küstenbewohner nicht rund ums Jahr ernähren. Notgedrungen kehren die „Fischerbauern" also ihrer jahrhundertelangen Heimat den Rücken und suchen ihr Auskommen in den größeren und kleineren Städten wie Rørvik, das sich alljährlich in der kurzen Sommersaison zum Wassersportzentrum mausert und in seinem – dank spektakulärer Architektur unübersehbaren – Museum erstaunliche 10 000 Jahre

EINDRUCKSVOLLE INSELWELTEN, MITTSOMMERNACHTS WIE POLARWINTERTAGS

Für die meisten Schiffsgäste nicht nur wegen der Polartaufe ein aufregendes Ereignis: Ankunft am Polarkreis

Der Winter ist die Zeit des mystischen Polarlichts. Mit ein wenig Glück sieht man die meist grünen, manchmal auch blauen oder roten Lichtgemälde lautlos über den Himmel wabern, wobei sie ständig ihre Form verändern. Das kann stundenlang oder auch nur wenige Minuten dauern (rechts). Leuchttürme wie Buholmråsa Fyr am Svelfjord (ganz rechts) bringen Sicherheit, auch in Zeiten der Satellitennavigation.

Leben und Arbeiten an der Nordlandküste beschwört.

DIE SIEBEN SCHWESTERN

Die vorbeiziehenden Bergformationen, ob an der Küste, auf den Inseln oder auf dem Fjell, haben mit ihren Formen seit jeher die Fantasie der Menschen in den nordischen Ländern beflügelt. So ranken sich um diese Landmarken Sagen und Mythen, in denen vor allem Riesen und Trolle die Hauptrollen spielen. Dazu muss man wissen, dass Trolle ein wenig einfältig sind und immer wieder nicht rechtzeitig vor Sonnenaufgang nach Hause kommen, weshalb sie beim ersten sie treffenden Sonnenstrahl zu Stein erstarren. Norwegens Landkarte ist übersät mit Namen wie Trolldalen, Trollveggen, Trollheimen oder Trollfjorden. Unvorsichtige Trolle muss es also wirklich überall gegeben haben.

AM 66. BREITENGRAD BEGINNT DIE WELT DER LICHTDURCHFLUTETEN SOMMER UND DER POLARNACHTWINTER.

Eine der bekanntesten Sagen erklärt die Entstehung der Sieben Schwestern in der Nähe von Sandnessjøen und des durchlöcherten Berges Torghatten bei Brønnøysund: Auf den Lofoten lebte einst König Vågakallen mit seinem heißblütigen Sohn Hestman. Jenseits des Fjordes saß König Sulitjelmakongen mit seinen sieben wilden Töchtern. Da er sie nicht bändigen konnte, schickte er sie zu der in der Nähe lebenden Pflegemutter Lekamøya. Als Hestman Lekamøya im Fjord baden sah, sprang er auf sein Pferd und wollte zu ihr, doch Lekamøya nahm die sieben Schwestern und floh in Richtung Süden. Bei Alstahaug stellten sich die Schwestern in einer Reihe auf und warteten auf Hestman. Doch der hatte nur Augen für Lekamøya. Als ihm klar

Beim Ausflug zum Saltstraumen geht es auch an der Vogelinsel Fugløya vorbei, Heimstatt für rund 100 000 brütende Vögel.

Auch diese Brücke südlich von Bodø mit der Straße FV 17 gehört zum spektakulären Kystriksveien.

Der frühere Handelsplatz Kjerringøy nördlich von Bodø gibt als Freilichtmuseum einen Einblick in das nordnorwegische Küstenleben im 19. Jahrhundert.

ZIEMLICH GENAU ZWEI STUNDEN NACH DEM ABLEGEN IN NESNA ÜBERQUEREN DIE NACH NORDEN FAHRENDEN HURTIGRUTENSCHIFFE DEN POLARKREIS.

wurde, dass er sie nicht mehr einholen würde, schoss er einen Pfeil auf Lekamøya ab. Doch in den Bergen von Brønnøy saß noch ein Riese; der hatte alles beobachtet und warf seinen Hut dazwischen. Durchbohrt fiel der Hut auf die Insel Torget hinab und wurde, als in diesem Moment die Sonne aufging, zum Berg Torghatten. Auch alle anderen Protagonisten erstarrten zu Stein. Aus Hestman wurde die Insel Hestmannøy (Hestmona) und aus den beiden Königen der 942 Meter hohe Vågakallen auf den Lofoten sowie der 1913 Meter hohe Sulitjelmakongen an der schwedischen Grenze. Lekamøya schließlich wurde zur Insel Leka, südlich von Brønnøysund.

Geologen können über diese und ähnliche Geschichten natürlich nur schmunzeln. Für sie sind wie immer die eiszeitlichen Gletscher für all die sonderbaren Landschaftsformen verantwortlich.

ÜBER DEN POLARKREIS

Ziemlich genau zwei Stunden nach dem Ablegen in Nesna überqueren die nach Norden fahrenden Hurtigrutenschiffe den Polarkreis. Auf der Schäre Vikingen ist ein Globus – ähnlich dem am Nordkap – zu sehen, der den Polarkreis markieren soll. Ganz stimmt das allerdings nicht, denn die Position 66° 33' 44" wird erst einige Minuten später im Nordteil der Insel Hestmona erreicht. Hier – wie überall direkt am Polarkreis – scheint zwar nur einen einzigen Tag die Mitternachtssonne, nämlich zur Sommersonnenwende am 20., 21. oder 22. Juni. Doch je weiter man nach Norden vordringt, desto länger wird die Periode der endlosen Tage. Am Nordkap dauert sie bereits von Mitte Mai bis Ende Juli.

Bald nach dem Überqueren des Polarkreises kommt an Backbord die Insel Rødøy ins Blickfeld. Ihr 443 Meter hoher Berg trägt den Namen Rødøyløva – Rotinsellöwe –, und mit ein wenig Fantasie erkennt man, von Süden kommend, tatsächlich einen liegenden Löwen mit rötlichem Fell in ihm. Den rötlichen Schimmer verdankt der Löwe dem Gestein Serpentin.

Jetzt rasch hinüber auf die Steuerbordseite, denn dort präsentiert sich der Svartisen, Norwegens zweitgrößter Gletscher, in strahlendem Weiß – obwohl sein Name wörtlich „Schwarzeis" bedeutet. Eine seiner eisigen Zungen, der Engabre, reicht fast bis an den Holandsfjord. So beeindruckend die von Spalten und Rissen durchzogene Gletscherzunge auch aussehen mag: Wegen der Erderwärmung ist sie schon vergleichsweise schmächtig geworden und dürfte in einigen Jahrzehnten ganz von der Bildfläche verschwunden sein.

Königskrabben

DER LUKRATIVSTE UND SCHMACKHAFTESTE FANG

Königskrabben erreichen eine beeindruckende Größe. Mit ihrem stacheligen Panzer wirken sie Furcht einflößend, weshalb man sie auch „Monsterkrabben" nennt. Ihr Fleisch gilt als Delikatesse – ihre Ausbreitung entlang der norwegischen Küste gen Süden als Problem.

Königskrabben schätzen eine Wassertemperatur von etwa drei bis sechs Grad Celsius. Taucher vor Kirkenes werden sie mit großer Wahrscheinlichkeit antreffen.

Je weiter man nach Norden gelangt, desto häufiger werden die Angebote, an einer Königskrabbensafari teilzunehmen. Meist fährt man mit einem Boot ein Stück aufs Meer hinaus und holt eine Reuse mit Königskrabben an Bord. Ausgewachsene Exemplare haben einen bis zu 25 Zentimeter großen, stacheligen Rückenpanzer und fast einen Meter lange Beine, sodass der Begriff „Monsterkrabbe" durchaus berechtigt ist. Nur ihr Beinfleisch wird gegessen, es gilt als Delikatesse. Die Zubereitung – oft noch an Bord – ist denkbar einfach: Nach wenigen Minuten in leicht siedendem Salzwasser ist das Fleisch gar und lässt sich leicht aus dem Panzer herauslösen. Egal ob man das noch warme Fleisch nur mit etwas Zitrone beträufelt oder es in Butter oder Olivenöl anbrät, schmort oder dünstet, es schmeckt köstlich.

VOM PAZIFIK IN DIE BARENTSSEE

Der ursprüngliche Lebensraum der Königs- oder Kamtschatkakrabbe war der nördliche Pazifik. Doch in den 1960er-Jahren haben russische Forscher einige Tiere in der Barentssee vor Murmansk ausgesetzt, wo sie sich anscheinend sehr wohl fühlten und explosionsartig vermehrten. Die Idee dazu hatte angeblich schon Stalin, um die Versorgung der Menschen von Moskau und Murmansk mit eiweißreicher Nahrung zu verbessern. Böse Zungen behaupteten jedoch, dass vor allem einige Apparatschiks die Krabbenbeine als Delikatesse schätzten, die man eben leichter aus der Barentssee als aus dem nördlichen Pazifik fischen konnte.

Die Tiere sind Allesfresser und hinterlassen eine Wüste, wenn sie in Scharen über den Meeresboden in Richtung Süden wandern. Mittlerweile sind sie bei den Lofoten angekommen. Ihre Reproduktionsrate ist enorm – die Weibchen werden bis zu dreißig Jahre alt und haben bis zu 10 000 Nachkommen. Da ausgewachsene Königskrabben praktisch keine natürlichen Feinde haben, wächst die Population beständig. Allerdings können sie wohl nur im kalten Wasser überleben, weshalb man annimmt, dass der Golfstrom ihr weiteres Vordringen nach Süden stoppen wird.

Gutes kann so einfach sein: Etwas Butter und einige Tropfen Zitronensaft genügen, um das Fleisch der Königskrabbe zu genießen. Verkauft werden die delikaten Krabbenbeine auch auf dem Torget-Fischmarkt in Bergen.

EIN LOHNENDER FANG

1977 wurde die erste Königskrabbe vor der norwegischen Küste gefangen. Schon damals gab es Befürchtungen, dass sich die Tiere unkontrolliert ausbreiten und eine ökologische Katastrophe auslösen könnten. Die Versuche, die fortwährende Wanderung der Königkrabben südwärts zu stoppen, blieben bis heute halbherzig, denn mit ihrem Fang lässt sich gutes Geld verdienen. In den Gourmetrestaurants des Kontinents und erst recht auf den Märkten Asiens sind „King Crabs" begehrt und entsprechend teuer. Auch die Königskrabbensafaris mit Touristen spülen viel Geld in die Kassen der Fischer in Nordnorwegen. Doch mittlerweile gibt es keinen Zweifel mehr, dass die Krabbeninvasion den Meeresboden kahlfrisst und damit viele Fischarten verdrängt, von denen die Menschen im hohen Norden seit zig Generationen leben. Schon lange versuchen die Politiker den Spagat zwischen langfristiger Nutzung dieser Ressource und dem Stopp der ungehemmten Ausbreitung der Tiere – und scheitern an dem ehrgeizigen Ziel. Wer die Delikatesse fängt, verkauft und verspeist, tut in jedem Fall Gutes für die Umwelt.

Genuss unterwegs

Königskrabbensafaris werden als Hurtigrutenausflug angeboten. Auch an Bord wird die Köstlichkeit hin und wieder serviert.

Maßstab 1:2.000.000
0
40km
Lofoten
Vestfjorden
Røsthavet
Moskenesøya
Flakstadøya
Flakstad
Lekfjord
Stamsund
Ballstad
Henningsvær
Reine
Sørvågen
Moskenstraumen
Værøy
Sørland
Røst
Hurtigruten
Hamarøy
Ulvsvåg
Finnøya
Engeløya
Skutvik
Alstad
Hellnessund
Nordfold
Kraktinden
Gammelt handelssted
Tårnvik
Helligvær
Landegode
Festvåg
Løding
Bodø
Bliksvær
Saltfjorden
Sandhornøy
Lekanger
Fugløya
Inndyr
Ørnes
Glomfjord
Amøya
Vågaholmen
Nesøya
Jektvika
Arctic Circle
Trænstaven
Trænfjorden
Kilboghamn
Melfjordbotn
Svartisen
Reppen
Kilvik
Svartisen nasjonalpark
Høgtuvbreen
Grønlingrotten
Svartisdalen
Storforshei
Ranafjorden
Mo i Rana
Stokkvågen
Lovund
Lunderøy
Tomma
Rølvåg
Nesna
Hemnesberget
Bjerka
Korgen
Elsfjord
Leland
Bjørn
Dønna
Sandnessjøen
Herøy
Alsten
Vefsnfjorden
Okstindan
Overuman
Mosjøen
Gravlelt
Tjøtta
Husvika
Bleikvassli
Herringbotn
Geittinden
Gladstad
Vega
Forvik
Laksfossen
Trofors
Hattfjelldal
Røssvatnet
Varntresk
Nymoen
Andalsvågen
Horn
Brønnøysund
Sømna
Hommelstø
Tosbotn
Blåfjellet
Tømmeråsfjellet
Børgefjell
Børgefjell nat.-Park
Kvigtinden
Krokvatnet
Etasjegrotten
Vik
Terråk
Leka
Solsem
Gutvik
Vikna
Valøya
Rørvik
Kolvereid
Foldereid
Kongsmoen
Namsvassgardan
Namsskogan
Røyrvik
Limingen
Salsbruket
Foldafjorden
Høylandet
Namdalen
Gjersvik
Jøa
Brekkssillan
Otterøya
Tunnsjøen
Skorovatn
Østnes
Ranemsletta
Namsos
Grong
Harran
Nyneset
Bergfossen
Sanddøla
Gressåmoen nasjonalpark
Gressåmoen
Flatanger
Jøssund
Bangsund
Sjøåsen
Solem
Snåsavatnet
Snåsa
Megard
Berglia
Hestkjølen
Sørli
Jule
Blåfjellshatten
Helleristn.
Sundet
Finnvollheia
Sprova
Malm
Sunnan
Steinkjer
Lustad
Skjækerhatten
Stokksund
Harsvik
Afjord
Follafoss
Beitstadfj.
Sparbu
Straumen
Lysøysund
Fosna
Bjugn
Botngård
Hustbysjøen
Verdalsøra
Vuku
Ytterøy
Skogn
Levanger
Leksvik
Rissa
Vanvikan
Frosta
Skatval
Stjørdalshalsen
Selbekken
Valset
Trondheimsfj.
TRONDHEIM
Flornes
Meråker
Sørmoen
Sandvika
Kjøljaugan
Sulâmo
Feren
Skäckerfjällen
Anjansfjällst'n.
Anjanssjön
Storrensjön
Kallsjön
Tännforsen
Häggsjöbränna
Kall
Åre
Torrön
Tjourenstugorna
Sösjöfjällen
Jansmässholmen
Kolåsen
Frankrike
Juvuln
Rönnöfors
Landögssjön
Kaxås
Landön
Föllinge
Hammerdal
Hårkan
Häggenäs
Rotviken
Hotagen
Ålåsen
Valsjöbyn
Munsfjället
Munsvattnet
Hotagsfjällen
Gäddede
Häggnäset
Fågelberget
Ströms vattudal
Nordli
Kvelia
Frostviksbränna
Bjorkvattnet
Kvarnbergsvattnet
Jormlien
Storsjouten
Sjoutnäs
Stora Blåsjön
Selkentjakke
Sutme
Klimpfjäll
Norra Borgafjällen
Saxnäs
Marsfjällen
Kultsjön
Ransarn
Vojmsjön
Norra Tresund
Nastansjö
SVERIGE
Risbäck
Malgomaj
Laxbäcken
Blaikfjället
Högland
Vilhelmina
Meselefors
Avaträsk
Dorotea
Tåsjö
Tåsjön
Högbynäs
Gärdnäs
Havsnäs
Flåsjön
Hoting
Svanabyn
Renålandet
Lövberga
Bodum
Strömsund
Backe
Vängel
Junsele
Görvik
Ramsele
Näsåker
Hällristn.
Edsele
Storsjön
Hällbymagasinet
Fångsjön
Fjällsjöälven
Betarsjön
Ångermanälven
Latikberg
Pautrask
Storuman
Stensele
Skarvsjöby
Långvattnet
Juktfors
Dikanäs
Kittelfjäll
Gardfjället
Grannäs
Slussfors
Storjuktan
Juktnäs
Danasjö
Jiltjer
Ajaureforsen
Björkvattnet
Virisén
Gränssjö
Lövlund
Södra Storfjället
Gäutajaure
Tärnaby
Joesjö
Vastansjö
Hemavan
Syterstugan
Norra Storfjället
N. Fjällnäs
Rönäs
Nolvik
Boksjön
Åkernäs
Brånaberg
Skansnäs
Storvindeln
Gillesnuole
Överstjuktan
Ammarnäs
Båtsjaur
Laisvall
Laisälven
Vindelälven
Rerrogaise
Dalavardo
Melkfjellet
Umbukta
Tärnasjön
Krutvatnet
Storakersvatnet
Toftlia
Nasafjället
Pieljekaise nationalpark
Adolfsström
Svaipavalle
Jäkkvik
Riebnes
Ballasviken
Vuonatjviken
Sädvajaure
Fierras
Barturte
Kaisetjakka
Mavasjaure
Riepentjakka
Pieskehaure
Pieskehaurestugan
Tarrajäkka
Kvikkjokk
Balvatnet
Sulitjelma
Saltfjellet
Saltfjell-Svartisen nasjonalpark
Ølfjellet
Bjerdnatjakka
Storjord
Stødi
Leirámoen
Høgtind
Bejarn
Vesterli
Rognan
Monus
Skjerstad
Fauske
Saltelva
Straumen
Røsvik
Styrksvik
Hellelalisen
Folda
Morsvikbotn
Gaskacokka
Kisurisstugan
Vaisaluoktastugan
Padjelanta nationalpark
Staloluoktastugan
Vastenjaure
Virihaure
Sareks nationalpark
Stora Sjöfallets
Akkavare
Ritjemjåkk
Sitasjaure
Kjøpsvik
Hellemobotn
Gioecekokka
Singis
Stortoppen
Rartefjällen
Tjeggelvas
Stora Sjöf.
NORGE
Vefsna
Røssåga
Namsen
E06
E10
E12
E14
E45
17
12
834
812
813
80
826
830
835
81
808
806
78
73
770
776
769
766
715
710
720
755
765
74
72
342
339
340
344
345
346
331
322
336
363
92
90
95
63
67
111
245
241
97
448
263
177
140
31
41
50

JENSEITS VOM POLARKREIS

Rund um den Polarkreis zeigt sich der Küstenstreifen Norwegens von einer unvergesslichen Seite. Felsformationen wie der durchlöcherte Berg Torghatten oder die Gipfel der Sieben Schwestern erheben sich am nahen Ufer. Aber auch der etwas weiter entfernte Svartisen-Gletscher mit seiner funkelnden Eiskappe zieht die Blicke auf sich.

1 Rørvik

Rørvik ist mit knapp 3000 Einw. der größte Ort auf der Insel Vikna. Rund um die Insel breitet sich ein weitläufiger Schärengarten mit mehr als 6000 Inseln aus. Fischfang, Landwirtschaft und der Telekommunikationskonzern Telenor sind die größten Arbeitgeber. Hier treffen sich allabendlich die nord- und südwärts fahrenden Schiffe der Hurtigruten. Um Rørvik zu erreichen, müssen die Schiffe den engen Nærøysund, das „Tor zum Nordland", passieren. Im Ort gibt es noch einige alte Holzhäuser; spektakulärstes Gebäude ist jedoch das Küstenmuseum Norveg, das schon vom Schiff aus zu sehen ist.

MUSEUM
Drei große, silberne Segel ragen auf einer Brücke ins Wasser. Sie bilden die Fassade des architektonisch ungewöhnlichen **Norveg-Museums,** das von dem auf Island geborenen, in Norwegen lebenden Architekten Gudmundur Jonsson entworfen wurde. Hinter den Segeln verbirgt sich das 2004 von der norwegischen Königsfamilie eröffnete Kystmuseet i Nord-Trøndelag. Innen wartet auf Besucher eine moderne Ausstellung, die 10 000 Jahre Küstenkultur beleuchtet. Nicht versäumen sollte man einen Besuch im Museumsrestaurant, das ganz vorzügliche Gerichte serviert (Strandgata 7, Tel. 74 36 07 70, https://kystmuseetnorveg.no; Juni bis Aug. Mo.–Sa. 10.00–16.00, sonst Di.–Fr. 11.00–14.00 Uhr).

UMGEBUNG
Südwestl. von Rørvik liegt auf einigen kleinen Inseln der historische Fischerort **Sør-Gjæslingan,** der heute vom Museum Norveg unterhalten wird (jeweils So. Tagesausflug).

INFORMATION
Rørvik Turistkontor, Strandgata 7, N-7900 Rørvik, Tel. 74 36 07 70

2 Brønnøysund

Die kleine Küstenstadt mit 5000 Einw. liegt auf einer Halbinsel am gleichnamigen Sund und bezeichnet sich stolz als Mitte Norwegens. Der Aufenthalt der südwärts fahrenden Hurtigrutenschiffe reicht gerade, um zum Aussichtspunkt, zur Ortskirche und durch die Fußgängerzone zu schlendern. Alternativ schafft man es schnellen Schrittes auch zur südlich gelegenen Brücke über den Brønnøysund – ein Spaziergang, der mit dem besten Blick auf die Stadt und die Umgebung belohnt wird.

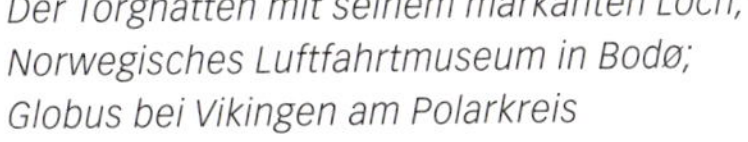

Der Torghatten mit seinem markanten Loch; Norwegisches Luftfahrtmuseum in Bodø; Globus bei Vikingen am Polarkreis

UMGEBUNG
15 km südl. der Stadt liegt der durchlöcherte Berg **Torghatten** TOPZIEL. Ein 35 m hohes und bis zu 20 m breites Loch gut 100 m über dem Meeresspiegel macht diesen Berg einzigartig. Der Aufstieg vom Fuß des Berges zum Loch dauert rund eine halbe Stunde. Nach der Durchquerung kann man auf der anderen Seite wieder absteigen und zum Ausgangspunkt zurückkehren.
Der **Vega-Archipel** TOPZIEL mit seinen 6500 Inseln, Holmen und Schären ist eine uralte Kulturlandschaft, die 2004 von der UNESCO ins Weltkulturerbe aufgenommen wurde (www.verdensarvvega.no, www.visitvega.no). Seit mehr als 10 000 Jahren leben hier Menschen von Fischfang, Landwirtschaft und Eiderenten. In dem kleinen Ort Nes gibt es am Fischerhafen ein Eiderentenmuseum, das über die Lieferanten der weltbesten Daunen berichtet (im Sommer geöffnet). Früher wurden die Daunen aus bis zu 40 000 Nestern gesammelt, heute sind es gerade noch 1000. Im Sommer gibt es Bootsverbindungen von Sandnessjøen und Brønnøysund nach Vega.

INFORMATION
Brønnøysund Turistinformasjon, Sømnaveien 92, N-8900 Brønnøysund, Tel. 75 01 80 00, https://visithelgeland.com

3 Sandnessjøen

Die kleine Küstenstadt (6000 Einw.) an der Nordwestspitze der Insel Alsten ist das wichtigste Versorgungs- und Handelszentrum der Region. Durch die 1991 eingeweihte, mehr als 1 km lange Helgelandsbru erhielt die Stadt eine Verbindung zum Festland. Der westliche Teil der Insel ist überwiegend flach und wird landwirtschaftlich genutzt.

UMGEBUNG
Im Osten ragt das Bergmassiv **De Sju Søstre** (Sieben Schwestern) auf, die Gipfel sind alle rund 1000 m hoch. Die nordwärts fahrenden Schiffe passieren die Schwestern mitten in der Nacht, in der Gegenrichtung zeigt sich das markante Massiv mit den sieben Gipfeln jedoch zur besten Zeit. Vor allem im Frühjahr und Herbst liegen die Berge wegen der tief stehenden Sonne an Backbord im besten Fotolicht.
Die kleine Stadt **Nesna** (1800 Einw.; 30 km nordöstl.) liegt auf einer Landzunge zwischen Ranfjord und Sjonafjord. Auf den ersten Blick fallen die bunten Häuser von Nesna auf. Auf dem Weg gen Norden werden die meisten diesen Anblick höchstwahrscheinlich verschlafen; südwärts wird Nesna hingegen um 11.15 Uhr erreicht. Der kleine Ort besitzt eine traditionsreiche Universität, an der vor allem zukünftige Lehrer studieren. Zwischen Ørnes und Nesna wird der **Polarkreis** überquert.

INFORMATION
Sandnessjøen Turistinformasjon,
Torulf Kveldulvsonsgate 35,
N-8800 Sandnessjøen, Tel. 75 01 80 00,
https://visithelgeland.com

4 Ørnes

Der historische Handelsplatz und Fischerort Ørnes (1700 Einw.), zu Füßen des markanten Berges Spilderhesten, ist heute Gemeindezentrum von Meløy und Verkehrsknotenpunkt.

Historische Fischerboote auf Kjerringøy; Kunstwerk in Bodøs Skulpturenlandschaft; mächtige Gletscherzunge des Svartisen

SEHENSWERT
Trotz mehrerer Brände in der Vergangenheit sind bis heute einige alte Häuser erhalten geblieben. Eines von ihnen ist das **Handelshaus** von 1794 mitten im Ort, in dem sich heute ein Café befindet (Mitte Mai–Mitte Aug. Di.–Sa. 11.00–16.00 Uhr).

UMGEBUNG
Größte Sehenswürdigkeit in der Nähe ist der **Svartisen** (südl.), Norwegens zweitgrößter Gletscher, dessen 60 Arme sich auf etwa 370 km² erstrecken und eine imposante Eismächtigkeit von bis zu 100 m erreichen; der Arm Engabre reicht bis fast an den Holandsfjord. Von den Hurtigrutenschiffen aus ist Svartisens Westeis gut zu sehen.

INFORMATION
Porten til Svartisen, Tel. 41 68 66 82,
Holand, N-8178 Halsa

5 Bodø

Bodø wurde 1816 auf einer in den Vestfjord ragenden Halbinsel als Handelsort für die Fischer Nordnorwegens gegründet. Heute zählt es gut 52 800 Einw. und ist die Hauptstadt der Provinz Nordland. Mit einem wichtigen Flughafen, Fährverbindungen nach Værøy, Røst und Moskenes, als Anlaufhafen der Hurtigruten und Endstation der Nordlandbahn ist Bodø der bedeutendste Verkehrsknotenpunkt in Nordland. Nach der fast vollkommenen Zerstörung im Zweiten Weltkrieg durch die deutsche Luftwaffe erhielt die Stadt ein modernes, funktionales Aussehen. Während des Kalten Krieges hatte hier die NATO ihr Hauptquartier in Nordnorwegen. Auch heute noch ist die norwegische Luftwaffe in Bodø stationiert. Der Stadt geht es wirtschaftlich gut, was in den letzten Jahren zu einem regelrechten Bauboom geführt hat.

SEHENSWERT
Die 1956 fertiggestellte **Domkirche** ist eine dreischiffige Basilika. Bemerkenswert sind das über die Seitenschiffe hinausragende Mittelschiff, der freistehende Glockenturm, das Rosettenfenster und ein großes Glasmosaik. Beliebt ist ein Spaziergang auf der Mole des Fischerei- und Jachthafens; hier kann man eine ganze Reihe durchlöcherter Steine sehen, die einen Beitrag zum **Kunstprojekt Skulpturlandskap Nordland** bilden (https://skulpturlandskap.no).

MUSEEN
Im **Norsk Luftfartmuseum** in der Nähe des Flughafens wird die Geschichte der zivilen und militärischen Luftfahrt beleuchtet; interessant sind auch die mehr als 30 historischen Flugzeuge (Olav V. gate, Tel. 75 50 78 50, www.luftfartsmuseum.no; Mitte Juni–Mitte Aug. tgl. 10.00–16.00, sonst Mo.–Fr. 10.00–16.00, Sa./So. 11.00–17.00 Uhr).
Das **Nordlandsmuseet** in einem Gebäude von 1903 widmet sich der Region Nordland einschließlich der Stadt Bodø von der Vorzeit bis zur Gegenwart; weitere Exponate beleuchten die Lofotfischerei und die samische Kultur (Prinsensgate 116, Tel. 75 50 35 00, https://nordlandsmuseet.no; wegen Umbau geschlossen, Wiedereröffnung zur Kulturhauptstadt 2024).
In der Freilichtabteilung **Bodøsjøen** (3 km vom Zentrum) gibt es gut ein Dutzend historische

WÄHREND DER SVARTISEN FRÜHER NOCH DIREKT IN DEN HOLANDSFJORD KALBTE, ENDET DIE VIEL SCHMALER GEWORDENE EISZUNGE HEUTE WEIT OBERHALB.

Tipp

Auf der Küstenroute

Die Europastraße 6 ist die schnellste Reiseroute in den hohen Norden. Wer mehr Zeit mitbringt und eher in Küstennähe bleiben möchte, nimmt zwischen Steinkjer und Bodø den Kystriksveien. Für die knapp 700 km sollte man allerdings mindestens drei, besser noch fünf Tage einplanen. Die Straße ist eng und kurvig, und obendrein muss man noch ein halbes Dutzend Fähren nehmen. Doch die Szenerie entschädigt. Schroffe Berge, polierte Schärenbuckel, das Massiv der Sieben Schwestern, der Torghatten, der Gletscher Svartisen und Saltstraumen, sie alle liegen direkt am Weg. Kleine Dörfer mit bunten Holzhäusern und interessante Museen runden den Abstecher ab.

Kystriksveien Info-Center,
Sjøfartsgata 2 a, N-7714 Steinkjer,
Tel. 74 40 17 17,
https://kystriksveien.no

Gebäude sowie eine Bootssammlung, zu der auch der typische Küstensegelfrachter „Anna Karoline" gehört (Freilichtmuseum immer zugänglich, Boote nach Absprache).

ERLEBEN
Vom Hausberg **Rønvikfjell** (150 m) bietet sich ein schöner Blick bis zur Lofotenwand, der während der Mitternachtssonne besonders lohnend ist. Von hier lassen sich Seeadler beobachten, die auf dem Weg zu den Fischgründen oft über der Stadt kreisen – weshalb sich Bodø auch „Stadt der Seeadler" nennt. Wer einen Seeadler gesichtet hat, kann Mitglied im Seeadler-Club werden (www.havornklubben.no); der Erlös wird zum Schutz der Seeadler verwendet (Informationen im Touristenbüro).

HOTELS UND RESTAURANT
Das **€ € € € / € € € Radisson Blu Hotel** besitzt helle, farbintensive Zimmer in modernem skandinavischem Design. Von den oberen Stockwerken genießt man einen weiten Blick über Bodø (Storgate 2, Tel. 75 51 90 00, www.radissonhotels.com/en-us/hotels/radisson-blu-bodo).
Der Leuchtturm **Landego Fyr** liegt auf einer kleinen Insel vor Bodø und ist vom Schiff aus zu sehen. Gruppen bis zu 30 Personen können im ehem. Leuchtturmwärterhaus übernachten (Tel. 75 51 91 00, https://skagen-hotel.no).
€ € / € Løvold Kafeteria bietet eine reichhaltige Kuchenauswahl und deftige norwegische Hausmannskost (Tollbugata 9, Tel. 75 52 02 61, https://lovoldskafeteria.no; Mo.–Fr. 9.00–18.00, Sa. 10.00–16.00 Uhr).

EINKAUFEN
Die Einkaufspassage in der Storgata beherbergt rund 45 Geschäfte und mehrere Restaurants.

UMGEBUNG
Rund 40 km nördl. von Bodø liegt die **Insel Kjerringøy** **TOPZIEL**. Schon im 17. Jh. war Kjerringøy ein stark frequentierter Handelsplatz, der zu seiner Blütezeit von mehreren Hundert Booten gleichzeitig angelaufen wurde. Als der Handel sich in größere Häfen verlagerte, verfiel Kjerringøy, bis die Provinz Nordland 1959 das Areal übernahm und ein Freilichtmuseum daraus machte. Ein gutes Dutzend Gebäude sind zu besichtigen, darunter das Hauptgebäude, das Warenlager und der noch original eingerichtete Kaufladen. Wer Glück hat, trifft hier den bekannten norwegischen Maler und Illustrator Karl Erik Harr (* 1940), der in der Nähe wohnt und gern auf eine Tasse Kaffee im Museum vorbeischaut (Kjerringøy Gamle Handelssted, Tel. 75 50 35 05, https://kjerringoyhandelssted.no; Mitte Mai bis Aug. tgl. 11.00–17.00, sonst nur So. 11.30 bis 15.00 Uhr).

INFORMATION
Bodø Turistinformasjon, Tollbugata 13, N-8006 Bodø, Tel. 75 54 80 00, www.visitbodo.com

ZU SVARTISEN UND SALTSTRAUMEN

Der Svartisen („Schwarzes Eis"), einige Kilometer südlich des Polarkreises im Saltfjellet-Svartisen-Nationalpark, ist mit 370 Quadratkilometern der zweitgrößte Gletscher Norwegens. Zwischen den beiden Hauptgletschern, dem Ost- und dem Westeis, liegt das eisfreie Glomdal. Seit Beginn des 20. Jahrhunderts schmelzen auch viele der 60 Gletscherzungen des Svartisen stark ab; das Tempo hat sich mit dem Klimawandel in den letzten Jahrzehnten dramatisch erhöht. Besonders deutlich wird dies am Engabre. Früher reichte sein Eis bis zum Holandsfjord, der Gletscher kalbte direkt ins Meer – heute hingegen endet die viel schmaler gewordene Eiszunge weit oberhalb des Wassers. Von der Landseite ist der Svartisen von Mo i Rana auf einer Straße durch das Røvassdal zu erreichen. Nach einer kurzen Schifffahrt über den Gletschersee sind es noch drei Kilometer auf einem Wanderweg bis zur Eiskante.

Wie von Geisterhand erzeugte Strudel kann man am Saltstraumen bewundern.

Ein Naturspektakel bietet sich auch an der knapp drei Kilometer langen und 150 Meter breiten Meerenge zwischen Saltenfjord und Skjerstadtfjord. Durch diese werden alle sechs Stunden mit bis zu 40 km/h rund 400 Millionen Kubikmeter Wasser gepresst. Der Saltstraumen gilt als stärkster Gezeitenstrom der Welt. Von der Saltstraumen-Brücke, 30 Kilometer östlich von Bodø, lassen sich die beeindruckenden Strudel bestens beobachten. Nur beim Hoch- und Tiefstand des Wassers, wenn der Gezeitenstrom die Richtung ändert, beruhigen sich die Strudel für kurze Zeit.

Zu guter Letzt befindet sich im Gebiet von Svartisen und Saltfjellet Norwegens größtes Höhlensystem. Führungen durch die Grønligrotta sind allerdings nur im Sommer möglich.

Sowohl Svartisen als auch Saltstraumen können im Rahmen eines **Hurtigrutenausflugs** besucht werden.

Grønligrotta: Führungen Mitte/Ende Juni tgl. 10.00, 12.00, 14.00, Juli, Aug. auch 11.00, 13.00, 15.00,16.00 und 17.00 Uhr.

Von Bodø nach Harstad

*

ZUM ARCHIPEL DES KABELJAUS

*

Die Fahrt über den berüchtigten Vestfjord führt zu den Lofoten. Wild gezackte Berge steigen unvermittelt aus dem Meer; aus der Nähe wirken sie wie eine Wand. Hier haben die Lofotfischer seit Jahrhunderten ihr Winterrevier.

So kurz er auch sein mag, der Lofotensommer auf Moskenesøy – das Fischerdorf Reine präsentiert sich in diesen Wochen von seiner schönsten und sonnigsten Seite.

Bordleben auf der „Polarlys" –
Entspannung mit Blick auf das Kielwasser

Reine Routine: Anlegemanöver
bei der Ankunft in Svolvær

Einen Hauch von Süden verbreitet der Strand von Ramberg
auf der Nordwestseite der Insel Flakstadøy.

Ausflug zum Raftsund: Bevor man Seeadler sichtet, muss man sich erst einmal gieriger, beinahe handzahmer Möwen erwehren.

KOMMEN DIE LOFOTEN IN SICHT, VERSTEHEN DIE PASSAGIERE, WARUM DIE WIKINGER DEN ARCHIPEL »INSEL DER GÖTTER« NANNTEN.

Aus dem geschützten Hafen geht es zwischen Schärenbuckeln in den Landegodefjord. An Backbord bietet die gleichnamige Insel Schutz, an Steuerbord bleiben die Vororte von Bodø zurück. Bald rückt der rotweiße Leuchtturm von Landegode ins Blickfeld. Ab jetzt führt der Kurs hinaus auf den Vestfjord, und für die Hurtigruten beginnt die längste Strecke über das offene Meer. Wie ein gewaltiger Keil schiebt sich der Vestfjord zwischen Festland und Lofotenkette. Seit jeher haben Fischer einen Heidenrespekt vor der Passage, denn nicht selten müssen die kleinen Boote mit vom eisigen Wind aufgepeitschten Wellen kämpfen. Für die traumhafte Kulisse der verschneiten Berge am Horizont haben sie kein Auge. Trotz moderner Technik und Sicherheitsausrüstung ist die Kabeljaufischerei immer noch ein gefährlicher Knochenjob. Was muss das erst für ein hartes Leben gewesen sein, als die Lofotfischer noch in offenen Booten über den Vestfjord ruderten – jeden Tag, einen ganzen Winter lang, auf der Jagd nach dem arktischen Kabeljau, der im Winter zum Laichen in den Vestfjord kommt.

KURS LOFOTENWAND

Anfangs sind sie kaum auszumachen zwischen Himmel und Meer, doch dann erheben sich die bis zu tausend Meter hohen Berge der Lofoten wie eine Wand. Ob im milden Licht der Mitternachtssonne oder von dramatischen Wolken verhangen, die nur hin und wieder einen Lichtstrahl durchlassen – die bizarre Bergkette beeindruckt immer. Beim Blick auf die Wand mag man kaum glauben, dass sich zwischen die Berge immer wieder grüne Wiesen und kleine Dörfer drängen und feinsandige Traumstrände manch Mutigen sogar zu einem eiskalten Bad animieren.

Stamsund versteckt sich hinter vorgelagerten Inseln, ist vom Schiff aus kaum auszumachen. Auch von Henningsvær ist nicht viel zu sehen. Der Ort mit dem malerischen Hafen, den bunten Holzhäusern und den steilen Bergen im Hintergrund zeigt seine Schönheit nur denjenigen, die sich von der Landseite nähern. Dafür wirkt der Vågakallen, der 942 Meter aus dem Meer aufsteigt, von der Seeseite besonders eindrucksvoll. Ein Fischer, der zum ersten Mal hinausfuhr, musste vor ihm die Mütze ziehen und alle anderen erbaten sich von ihm eine gesunde Heimkehr. Bis der Vågakallen zu Stein erstarrte, war er König der Lofoten. Die sagenhafte Geschichte von seinem Sohn Hestman ist eng mit dem Bergmassiv der Sieben Schwestern weiter im Süden verknüpft.

Nach dem Trocknen des Lofotenkabeljaus erfolgt eine Qualitätsprüfung mit geübter Nase.

Warten auf die wilde See: Blick bei Å auf den Moskenstraumen

Lofoteninsel Moskenesøy: Wie Stock- und Klippfisch hergestellt werden, erfährt man im Trockenfischmuseum in Å.

Die „Nordkapp" verlässt Svolvær auf dem Weg zum schiffsnamengebenden Ende Europas.

Special

Vom Kabeljau zum Lutefisk

Typisch norwegisch

Wenn ganz Norwegen im Winterschlaf döst, kommt Leben in die Inseln am Polarkreis: Der Kabeljau ruft. Bei uns ist der Fisch auch als Dorsch bekannt, die Norweger nennen ihn Skrei.

Früher wurde jeder gefangene Fisch sofort ausgenommen und, paarweise an den Schwänzen zusammengebunden, auf große Holzgestelle gehängt. Dort trocknete er während einiger Monate zu Stockfisch. Die getrockneten Köpfe verarbeitete man zu Fischmehl, die Zungen – eine Delikatesse – wurden traditionsgemäß von Kindern herausgeschnitten. Aus der Leber wurde Tran gekocht, der Rogen gesalzen und in Holztonnen gefüllt.

Die beste Stockfischqualität wurde damals wie heute als Fastenspeise nach Italien verschifft. Heute werden zuerst die Kühlhäuser mit Kabeljaufilets gefüllt, der Rest des Fangs kommt immer noch auf die Trockengestelle.

Zum Trocknen aufgehängter Kabeljau

Und was macht man mit dem bretthartem Fisch? Entweder als kauintensiven Snack verzehren oder zwei Tage wässern und dann ganz normal zubereiten. Exotischer ist Lutefisk, den Norweger vor allem zu Weihnachten essen. Der „Laugenfisch" wird in Ätznatron renaturiert, was ihm eine quallenartige Konsistenz gibt – vom Geruch bei der Zubereitung ganz zu schweigen. Ein sehr spezielles Mahl, zu dem es viel Aquavit braucht!

DIE LOFOTENHAUPTSTADT

Auf einem Felsen in der Hafeneinfahrt von Svolvær begrüßt ein ungewöhnlicher Leuchtturm die Ankommenden: die mehr als vier Meter hohe Skulptur Fiskerkona des norwegischen Bildhauers Per Ung. Die „Fischerfrau" aus Bronze wartet gespannt auf die Rückkehr der Boote vom Vestfjord. Hinter ihr sind Holzgestelle zu sehen, auf denen im Frühjahr Stockfische hängen. Wer gute Augen hat, erblickt in der Bergwand voraus das Wahrzeichen von Svolvær: zwei winzige Berggipfel, die Schornsteinen oder – mit etwas Fantasie – den Hörnern einer Ziege gleichen und deshalb Svolværgeita („Svolvær-Ziege") genannt werden. Ansonsten besteht Svolvær, die Hauptstadt der Lofoten, überwiegend aus nüchternen Zweckbauten. Lofotenidylle will hier nicht aufkommen, daran kann auch der Bauboom der letzten Jahre nichts ändern.

IN DEN TROLLFJORD

Ganz anders der Ausflug in den Trollfjord, den die südwärts fahrenden Hurtigrutenschiffe im Sommer unternehmen. Der Eingang vom Raftsund in den rund zwei Kilometer langen Fjord ist nur hundert Meter breit und auf beiden Seiten von steilen, nackten Felswänden eingerahmt. Nach diesem Engpass öffnet sich

Zu den Svinøya Rorbuer in Svolvær gehört die Galleri Gunnar Berg. Der für Lofotenbilder bekannte Maler arbeitete bereits Ende des 19. Jahrhunderts nach eigenen fotografischen Vorlagen. Zu seinen Werken gehört die aus sieben Bildern bestehende „Schlacht im Trollfjord 1890".

Im Nordnorwegischen Künstlerzentrum in Svolvær werden neben Ausstellungen Kunst, Mode und Design von lokalen Künstlern angeboten.

Ausflug ins Wikingermuseum Lofotr in Borg: Das Wikingermahl darf da nicht fehlen.

Der Empfang der Svinøya Rorbuer wirkt museal. Es ist ein traditioneller Krambua, ein Dorfladen, wie er im vorletzten Jahrhundert in Svolvær zu finden war.

GALERIEN, MUSEEN UND NACHGESPIELTE VERGANGENHEIT ZEIGEN: AUF DEN LOFOTEN WERDEN TRADITION UND MODERNE GLEICHERMASSEN GESCHÄTZT.

der Fjord und gibt den Blick auf ein Amphitheater aus wilden Bergen frei. Besonders imposant ist der Anblick im Winter, wenn meterhohe Schneekappen die gezackten Gipfel krönen. Am Ende des Fjordes wenden die großen Schiffe auf der Stelle. Bis 1960 gab es hier noch einen Wasserfall, der aber durch dicke Rohre gebändigt wurde und seither der Stromerzeugung dient.

Hier fand 1890 die Schlacht im Trollfjord statt. Die damals neu aufgekommenen Fischdampfer verwehrten den Lofotfischern in ihren traditionellen Booten den Eingang zum Fjord, wo reiche Kabeljaufänge zu erwarten waren. Mit ihren Rudern und Bootshaken erkämpften sich die Fischer dieses Mal noch den Zugang. Den Siegeszug der Dampfschiffe konnten sie jedoch nicht aufhalten, wohl aber die Fischerei mit Senknetzen, die das norwegische Parlament 1893 verbot. Nachlesen kann man die Geschichte in Johan Bojers Buch „Die Lofotfischer“. Karl Erik Harr, einer der bekanntesten norwegischen Maler der Gegenwart, hat die Schlacht im Trollfjord großflächig auf Leinwand gebannt; seine Bilder sind auf der „Richard With“ zu sehen.

RORBUER EINST UND HEUTE

Man sieht sie überall auf den Lofoten: die überwiegend rot, manchmal auch gelb gestrichenen Rorbuer. Die meisten dieser Holzhütten stehen auf Pfählen am Wasser. Ihr Name leitet sich von den norwegischen Wörtern *ro* für rudern und *bu* für Schutzhütte ab. Diese „Ruderhütten“ waren das Zuhause der Fischer während des Lofotenfischfangs. Zu Spitzenzeiten gab es rund 40000 Rorbu-Schlafplätze, die von den Besitzern für die ganze Saison an die Fischer vermietet wurden; bezahlt wurden sie in Fisch.

Das Leben in einer Rorbu war ohne jeden Komfort und doch viel besser, als den Winter über unter einem umgedrehten Boot zu schlafen, wie es Generationen von Fischern zuvor gemacht hatten. Die Hütten bestanden aus einem Vorraum für die Gerätschaften und Vorräte sowie einem Raum, den sich eine ganze Bootsbesatzung – in der Regel zehn Mann – teilte. Hier wurde gekocht, gegessen, geraucht, getrunken und geschlafen. Hygiene war ein Fremdwort, die Hütte stank nach nassen Kleidern, Schweiß, Fisch und Tran. Am Abend war die feuchte Luft zum Schneiden, am Morgen, wenn der Ofen heruntergebrannt war, überzog Reif Männer und Material. Heute wohnen die Fischer meist vergleichsweise kommod auf ihren Booten, während die Rorbuer von Touristen als teils rustikale, teils komfortable Unterkünfte geschätzt werden.

Knut Hamsun

GEACHTET UND GEÄCHTET IM EIGENEN LAND

Knut Hamsun war zeitlebens ein rastloser Wanderer, der es nie lange an einem Ort aushielt. Wer heute nach Spuren des Literaturnobelpreisträgers sucht, findet sie über ganz Norwegen verstreut. Obwohl er auch im Nordland nicht lange blieb, spielt es in seinem Werk eine wichtige Rolle.

Knut Hamsun in Wien 1943: Auf der von Joseph Goebbels organisierten Tagung der Union der nationalen Journalistenverbände hielt er eine englandfeindliche Rede.

Geboren wurde er am 4. August 1859 in der Nähe von Lom, getauft in der alten Stabkirche von Garmo, die jetzt in Lillehammers Freilichtmuseum Maihaugen steht. Schon bald nach seiner Geburt zog die Familie, der es wirtschaftlich nie gut ging, ins Nordland, auf den Hof Hamsund auf Hamarøy. Das Haus, in dem er einen Teil seiner Jugend verbrachte, beherbergt heute ein kleines Museum. Knapp zehn Kilometer davon entfernt wurde 2010, kurz nach dem 150-jährigen Geburtstag des Nobelpreisträgers, das Hamsun-Zentrum eröffnet, ein Literaturhaus und Dokumentationszentrum. Darin zeigt die Ausstellung „Der geachtete und geächtete Hamsun", wie zwiespältig die Norweger ihren Nationalschriftsteller wegen seines Verhältnisses zu Nazideutschland sehen: Hamsun war ein Bewunderer Hitlers und unterstützte den norwegischen Nazi-Führer Vidkun Quisling. Das hindert sie aber nicht daran, jedes zweite Jahr ein Kulturfest zu seinen Ehren zu veranstalten.

Das vom US-Amerikaner Steven Holl entworfene Turmgebäude des Hamsun-Zentrums auf Hamarøy wurde mit dem International Architecture Award ausgezeichnet.

AUS KJERRINGØY WIRD SIRILUND

Mit vierzehn wurde Knut in die Obhut eines Onkels gegeben, der ihn wie einen Leibeigenen behandelte. Lange hielt er es dort nicht aus. Auf der Suche nach Erfolg und Identität ist er nicht nur viel herumgekommen – im Lauf der Zeit hat er auch mehrmals seinen Namen geändert. Geboren als Knud Pedersen, nannte er sich Knut Pedersen Hamsund, nach dem Hof seiner Eltern, und verkürzte den Namen später auf Knut Hamsund. Ein nie berichtigter Druckfehler in einer Zeitschrift machte ihn schließlich zu Knut Hamsun.

Der alte Handelsort Kjerringøy – heute Museum – taucht in Hamsuns Werken als Sirilund auf. Der damalige Besitzer, Erasmus Zahl, ist der reiche Kaufmann Mack von Sirilund. Zahl spielte in Hamsuns Leben eine entscheidende Rolle: Der Neunzehnjährige hatte gerade den „Bjørger" geschrieben, als er in seiner Not beschloss, Zahl in Kjerringøy aufzusuchen. Der las zwar sein Manuskript nicht, gab ihm aber 1000 Kronen Startkapital.

1909 heirate Knut Hamsun in zweiter Ehe die Schauspielerin und Kinderbuchautorin Marie Andersen (Aufnahme von 1927).

FRIEDEN AUF NØRHOLM

Nach seiner Nordlandzeit war Hamsun ständig auf Reisen. Rastlos zog es ihn nach Amerika, Russland, in die Türkei, nach Südostnorwegen, bis er schließlich an der Südküste zur Ruhe kam. Als er Nørholm kaufte, hatte er bereits das stattliche Alter von sechzig Jahren erreicht. Er stürzte sich in den Aufbau des verfallenen Anwesens und machte es zu einem Mustergut. Hier im Süden schließt sich dann auch der Kreis: Wie in seinem Roman „Segen der Erde", für den er 1920 den Nobelpreis erhielt, besaß er ein Stück Land und bewirtschaftete es. Hier starb Hamsun am 19. Februar 1952.

Besuch im Hamsun-Zentrum

Hamsunsenteret, Hamarøy, Tel. 75 50 34 50;
Mitte Juni–Mitte Aug. tgl. 10.00–18.00 Uhr,
sonst Mo. oder Mo./Di. geschlossen.
Die vom Hamsunsenteret organisierten Hamsundagene finden in geraden Jahren Ende Juli/Anf. Aug. statt.
www.hamsunsenteret.no

Maßstab 1:2.000.000

0 40km

1 2 3 4 5 6

Lofoten
Vesterålen
Vestfjorden
Røsthavet
Moskenstraumen
Andfjorden
Hurtigruten
SVERIGE
LAPPLAND
Arctic Circle
Trænfjorden
Saltfjellet
Svartisen nasjonalpark
Saltfjellet-Svartisen nasjonalpark
Ånderdalen nasjonalpark
Øvre Dividal nasjonalpark
Abisko nat.-p.
Vadvetjåkka n.p.
Stora Sjöfallets n.p.
Padjelanta national-park
Sareks nationalpark
Pieljekaise nationalpark
Rago nas. park
Gammelt handelssted
Grønlingrotten
Raket-skjutfält

Røst, Værøy, Sørland, Moskenesøya, Reine, Sørvågen, Flakstadøya, Flakstad, Vestvågøy, Leknes, Stamsund, Ballstad, Henningsvær, Kabelvåg, Svolvær, Austvågøy, Digermulen, Hadseløya, Stokmarknes, Melbu, Langøya, Guvåg, Straumsjøen, Steine, Myre, Risøyhamn, Andøya, Nordmela, Bleik, Andenes, Åse, Sortland, Sigerfjord, Hinnøya, Grytøya, Harstad, Borkenes, Kilbotn, Rolla, Ibestad, Sørrollnes, Tjeldøya, Lødingen, Kjeldebotn, Ramnes, Bogen, Narvik, Bjerkvik, Ballangen, Skjomen, Evenes, Tranøy, Hamarøy, Ulvsvåg, Finnøya, Engeløya, Skutvik, Ålstad, Nordfold, Hellnessund, Kråklinden, Tårnvik, Røsvik, Festvåg, Landegode, Helligvær, Bliksvær, Bodø, Løding, Fauske, Straumen, Sulitjelma, Rognan, Skierstad, Misvær, Bejarn, Vesterli, Sandhornøy, Lekanger, Inndyr, Fugløya, Ørnes, Glomfjord, Amøya, Vågaholmen, Kilvik, Reppen, Jektvika, Nesøya, Trænstaven, Kilboghamn, Melfjordbotn, Svartisdalen, Storforshei, Mo i Rana, Lovund, Lunderøy, Tomma, Rølvåg, Nesna, Hemnesberget, Elsfjord, Korgen, Bjerka, Dønna, Alsten, Herøy, Sandnessjøen, Leland, Mosjøen, Bleikvassli, Okstindan, Storfjället, Gravfelt

Senja, Gryllefjord, Kaldfarnes, Berg, Fjordgård, Silsand, Finnsnes, Gibostad, Lunneborg, Sørreisa, Brøstadbotn, Andselv, Bardufoss, Moen, Setermoen, Dyrøya, Sjøvegan, Løksa, Myrlandshaug, Tennevoll, Fossbakken, Sjursvik, Bjarkøy, Grøtavær, Stongelandet, Andørja, Kvaløya, Tromsø, Sandnessjøen, Tromvik, Bakkejord, Vikran, Ringvassøy, Skulgam, Reinøy, Rebbenesøy, Nordkvaløy, Helgøy, Vanna, Arnøy, Fugløya, Uløya, Kåfjord, Oldervik, Svensby, Jøvik, Lyngseidet, Fagernes, Nordkjosbotn, Seljelvnes, Øvergård, Otertind, Rognli, Skibotn, Kantornes, Furuflaten, Innset, Bjørkås, Høgstadgård

Riksgränsen, Björkliden, Abisko, Katterjåkk, Torneträsk, Kiruna, Kebnekaise, Nikkaluokta, Kalixfors, Kaitum, Killin, Harrå, Vietas, Ritsem, Akkajaure, Saltoluokta, Sitojaure, Staloluokta, Kvikkjokk, Jäkkvik, Arjeplog, Laisvall, Moskosel, Jokkmokk, Porjus, Suddesjaur, Mellanström, Ammarnäs, Sorsele, Dalavardo

JENSEITS DES RAUEN VESTFJORDS

Die bizarr aus dem Meer aufragenden Gipfel der Lofoten und ihre kleinen Fischerdörfer zählen zu den Höhepunkten jeder Hurtigrutenreise. Nicht ganz so schroff sind die nördlich anschließenden Vesterålen-Inseln, auf die es viele Besucher wegen der Walsafaris in Andenes zieht.

1 Stamsund

Stamsund (1000 Einw.) auf der Lofoteninsel Vestvågøy besitzt eine der größten Fischereiflotten der Lofoten. Der Ort am Fuß des gut 500 m hohen Berges Steintinden wurde erst in der zweiten Hälfte des 19. Jh. von einem der größten Stockfischproduzenten Nordnorwegens gegründet. Auch heute noch lebt Stamsund fast ausschließlich von Fischfang und -verarbeitung. Wegen der vielen Steinhäuser, der Hafenanlagen und Fischfabriken entspricht der Ort nicht unbedingt dem Postkartenidyll der Lofoten. Das Gemälde an einem Schuppen am Hurtigrutenkai zeigt, dass sich im Ort auch einige Künstler niedergelassen haben, und es gibt sogar ein jährliches Theaterfestival.

SEHENSWERT
Nur 100 m vom Hurtigrutenkai zeigt der amerikanische Maler Scott Thoe seine Werke, außerdem sind Keramik und Textilkunst zu sehen (**Galleri 2,** J. M. Johansens vei 18; im Sommer 12.00–18.00 Uhr, sonst n. Vereinb.).

Tipp

Naturwunder

Wer den Trollfjord nicht an Bord der Hurtigruten erleben konnte, sollte das anlässlich eines Svolvær-Besuchs unbedingt nachholen. Im Vergleich mit den weltbekannten Giganten mag der Fjord mit einer Länge von nur rund zwei Kilometern winzig erscheinen. Dank seiner eindrucksvollen sonstigen Abmessungen – an der engsten Stelle lediglich hundert Meter breit und eingerahmt von weit über tausend Meter hohen Bergen – spielt er jedoch in einer Liga mit dem Geirangerfjord. In Svolvær werden Bootsausflüge zu dem Naturschauspiel angeboten.

Abfahrt vom Hafen am Torget in Svolvær, Juni–Sept. tgl. 10.30 Uhr

Eisig und auch etwas schummrig geht es in der Magic Ice Bar von Svolvær zu. Manövrierkunst ist im Trollfjord gefragt.

HOTEL UND RESTAURANT
Die 28 Zimmer des **€ € € Live Lofoten Hotels** (Tel. 76 05 46 00, https://livelofoten.no) wurden kürzlich saniert und illustrieren nun die Geschichte der Lofoten. Nur wenige Schritte entfernt liegen Restaurant und Pub direkt am Wasser. Außerdem werden komfortable Rorbuer vermietet.

UMGEBUNG
Bei dem kleinen Ort **Borg** (15 km nördl.) haben Archäologen die Reste eines großen Wikingerhofes gefunden. Mittlerweile gibt es eine originalgetreue Rekonstruktion des 83 m langen Haupthauses. Die kunstvolle Inneneinrichtung lässt vermuten, dass hier einst ein mächtiger Häuptling gewohnt hat. Auch im Rahmen eines Hurtigrutenausflugs kann das **Lofotr Vikingmuseet** TOPZIEL besucht werden (Prestegårdsveien 59, Tel. 76 08 49 00, www.lofotr.no; Mitte Juni–Mitte Aug. tgl. 10.00–19.00 Uhr, sonst kürzer).

2 Svolvær

In der Hauptstadt, zugleich Verwaltungszentrum der Lofoten, auf Austvågøy leben rund 4600 Menschen. Neben der traditionellen Fischerei hat hier wie insgesamt auf den Lofoten der Tourismus an Bedeutung gewonnen. Wahrzeichen des Ortes ist die Bergformation Svolværgeita, die mit etwas Fantasie an die Hörner einer Ziege erinnert. Alljährlich im März finden in Svolvær die Weltmeisterschaften im Kabeljau-Angeln mit mehr als 500 Teilnehmern statt.

SEHENSWERT
In der **Magic Ice Bar** mit Galerie direkt am Hurtigrutenkai werden Eisskulpturen mit Lofotenmotiven gezeigt, untermalt mit Musik und Lichteffekten; Drinks und warme Mäntel schützen vor der Kälte (Fiskergata 36, Tel. 76 07 40 11, www.magicice.no; Juni–Aug. tgl. 12.00–22.00, sonst 18.00–22.00 Uhr).
Die Galerie des Künstlers Dagfinn Bakke gibt es mittlerweile seit mehr als 30 Jahren; im Angebot sind eigene Arbeiten sowie Werke lokaler Künstler (**Galleri Dagfinn Bakke,** Richard Withs gate 4, Tel. 76 07 19 98, www.dagfinnbakke.no; Di.–Sa. geöffnet).
Das **Nordnorsk Kunstnersenter** ist ein Zusammenschluss von Künstlern und Kunsthandwerkern der Region. Die Galerie, nur wenige Schritte vom Hurtigrutenkai in Svolvær entfernt, zeigt ständig wechselnde Ausstellungen und ist eine Fundgrube für ungewöhnliche und

hochwertige Souvenirs (Torget 20, Svolvær, Tel. 40 08 95 95, https://nnks.no; Di.–So. 10.00 bis 16.00 Uhr).

ERLEBEN

Von April bis Mitte Okt. geht es tgl. zum Trollfjord und auf **Seeadlersafari**; im Winter stehen **Orca-Exkursionen** auf dem Programm (Tel. 96 83 30 00, www.lofotencharterbat.no).

HOTEL UND RESTAURANTS

Das **€ € Scandic Hotel Svolvær** liegt auf einer eigenen kleinen Insel mitten im Zentrum. Maritim eingerichtete Zimmer, einige mit Balkon zum Hafen, Restaurant und Bar in Form eines Schiffsbugs mit großer Glasfront und grandioser Aussicht (Lamholmen,Tel. 76 06 82 00, www.scandichotels.de).

Wie ein weißer, über dem Wasser schwebender Holzpalast wirkt das **€ € € € Henningsvær Bryggehotell.** Vom Hotelrestaurant blickt man direkt auf den malerischen Hafen (Hjelleskjæret, Henningsvær, Tel. 76 07 47 50, https://classicnorway.com).

Die **€ € € € / € € € Børsen Spiseri** gilt als eines der besten Fischrestaurants im Norden; mit ihrer rustikalen Einrichtung ist sie in einem traditionellen alten Kaihaus von 1828 zu finden (Gunnar Bergsvei 2, Tel. 76 06 99 30, www.svinoya.no).

Das **€ € € Nordis Restaurant** bietet vom gegrillten Stockfisch bis zum Burger hervorragende Qualität mit Blick auf den Hafen (Torget 21, Tel. 41 29 20 00, www.nordisrestaurant.no).

Das **€ € Bacalao** – was auf Spanisch „Stockfisch" heißt – ist Restaurant, Lunchbar und Terrasse mit Blick auf den Hafen in einem; auch Livemusik wird geboten (Havnepromenaden 2, Tel. 76 07 94 00, https://bacalaobar.no).

UMGEBUNG

Im 19. Jh. war **Kabelvåg,** 5 km südwestl. von Svolvær, der wichtigste Fischerort auf den Lofoten. An diese Zeit erinnert die Holzkirche im neugot. Stil (1898), die auch Lofotenkathedrale genannt wird. Storvågan, die Keimzelle Kabelvågs, beherbergt das Lofotmuseum, u. a. mit Ausstellungen zum Fischfang (Storvågan, Tel. 90 17 20 77, www.museumnord.no/vare-museer/lofotmuseet; Juni–Aug. tgl. 10.00–18.00 Uhr, sonst kürzer). Im Lofotakvariet sehen Besucher alle Meerestiere, die in den Gewässern rund um die Lofoten heimisch sind (Storvågen, Tel. 76 07 86 65, www.museumnord.no/vare-museer/lofotakvariet; Juni–Aug. tgl. 10.00–18.00, sonst kürzer). In der Galleri Espolin sind Bilder von Kaare Espolin Johnson (1907–1994) zu sehen, der vor allem das harte Leben der Lofotfischer malte (Storvåganveien, Tel. 76 07 84 05, www.museumnord.no/galleri-espolin; Juni–Aug. tgl. 10.00–18.00 Uhr, sonst kürzer).

Der winzige Fischerort **Henningsvær,** 24 km südwestl. von Svolvær, liegt auf mehreren Inseln. Der Hafen und die bunten Holzhäuser vor imposanter Bergkulisse machen Henningsvær zu einem der klassischen Lofotenmotive. Die Galleri Lofoten (Tel. 98 10 46 59, www.galleri-lofoten.no; Mitte Mai–Mitte Aug. tgl. 10.00 bis 21.00 Uhr, sonst kürzer) zeigt Bilder von Karl Erik Harr (* 1940) und anderen Lofotenmalern.

INFORMATION

Svolvær Turistinformasjon, Torget 18, N-8300 Svolvær, Tel. 76 07 05 75, https://visitlofoten.com

Tipp

Zu den Meeresriesen

Die meisten Besucher kommen nach Andenes an der Nordspitze der Vesterâleninsel Andøy, um an einer Walsafari teilzunehmen. Die Touren beginnen im Walzentrum beim Leuchtturm. Die Betreiber werben mit einer 100%igen Garantie, Wale zu Gesicht zu bekommen. Wer keinen Wal gesichtet hat, kann kostenlos an einer weiteren Tour teilnehmen. Eine Führung durch das Hvalsenter ist im Preis inbegriffen.

Hauptsaison Ende Mai–Mitte Sept., tgl. 2–4 Touren ab 9.30 Uhr; Hvalsafari, Hamnegata 1 c, Andenes, Tel. 76 11 56 00, www.whalesafari.no

Immer einen Besuch wert: das Lofotr Vikingmuseet mit dem Nachbau eines Langhauses; Herbststimmung in der Nähe von Harstad

3 Stokmarknes

Stokmarknes (3200 Einw.) ist das Verwaltungszentrum der Vesterâleninsel Hadseløy. Hier gründete Richard With 1881 die Vesteraalens Dampskibsselskab, den Vorläufer der heutigen Hurtigruten. Lange war Stokmarknes Heimathafen der Reederei, bis Tromsø 2006 diese Rolle übernahm.

MUSEUM

Zum 100-jährigen Jubiläum der Reederei wurde 1993 das **Hurtigrutemuseet** eröffnet; seitdem steht die „Finnmarken", Jahrgang 1956, aufgebockt vor dem Museum. Vor Kurzem hat sie eine spektakuläre Hülle mit großen Glasflächen erhalten. Das Schiff wurde überholt und das Museum komplett neu gestaltet (Richard Withs plass, Tel. 90 99 64 12, www.hurtigrutemuseet.no).

INFORMATION

Stokmarknes Turistkontor, Rådhusgata 11, N-8400 Sortland, Tel. 76 11 14 80, https://visitvesteralen.com

4 Sortland

Sortland (10 000 Einw.) ist Hauptort der Vesterâleninsel Langøy. Die Stadt liegt am Sund bei der Sortlandbrücke, die Langøy mit Hinnøy und dem Festland verbindet. Der Architekt der stattlichen weißen Holzkirche von 1901 hat auch die Lofotenkathedrale in Kabelvåg geplant. Sortland nennt sich „Blaue Stadt am Sund", seit man vor einigen Jahren beschlossen hat, möglichst viele Häuser in verschiedenen Blautönen zu streichen; auch das Hurtigrutenterminal ist blau. Rund 1 km südl. der Sortlandbrücke befindet sich am Ufer des Sunds die Skulptur Havsøye („Meeresauge"), ein Beitrag des isländischen Künstlers Sigurdur Gudmundsson zur Skulpturenlandschaft Nordland.

RESTAURANT

Vom **€ Keramikk Kafé Blå** (Yttersida 1062) genießt man eine fantastische Aussicht auf Stokmarknes. Tiina Henriksen ist Keramikerin und verkauft ihre Produkte in der kleinen Galerie. Der hausgemachte Kuchen wird auf ihrem Geschirr serviert, ihr Motto: Mehr Keramik, weniger Plastik.

UMGEBUNG

Dem fast verlassenen Fischerdorf **Nyksund** an der Nordspitze von Langøy wurde durch mehrere Initiativen mittlerweile zumindest in Teilen neues Leben eingehaucht. Zentrum des Dorflebens ist **€ Holmvik Brygge,** ein kleines Gästehaus mit Restaurant (Myre, Tel. 95 86 38 66, https://nyksund.com).

INFORMATION
Sortland Turistinformasjon,
Rådhusgata 11, N-8400 Sortland,
Tel. 76 11 14 80,
https://visitvesteralen.com

5 Risøyhamn

Die Ortschaft am Südostufer der Vesterålen-insel Andøy hat rund 200 Einw. und lebt hauptsächlich vom Fischfang. Der schmale Sund zwischen Andøy und Hinnøy versandet immer wieder und musste schon mehrfach ausgebaggert werden.

SEHENSWERT
Den kurzen Aufenthalt der südwärts fahrenden Schiffe kann man zu einem Besuch der Galerie des Niederländers **Dick Monshouwer** nutzen (Withs vei 170, Tel. 47 65 00 58, www.galleridick monshouwer.com; Juni/Juli Do.–Sa. 10.00 bis 16.00 Uhr, sonst auf Anfrage).

UMGEBUNG
Ein lohnender Ausflug führt in den Ort **Andenes** (2700 Einw.) mit dem weithin sichtbaren roten Leuchtturm von 1859. Außerdem gibt es ein kleines Polarmuseum (www.museumnord. no/andoymuseet, Juli–Mitte Aug. tgl. 8.00–20.00 Uhr, sonst kürzer) sowie in einer ehem. Fischhalle das Naturzentrum Hisnakul (Mitte Juni–Mitte Aug. tgl. 10.00–17.00 Uhr).

6 Harstad

Harstad (25 000 Einw.) auf der den Lofoten und den Vesterålen gleichermaßen zugerechneten Insel Hinnøy ist neben Tromsø größtes und wichtigstes Handelszentrum der Region. Vor allem die Erdölförderung vor der Küste ließ die Stadt (Stadtrecht 1904) aufblühen.

SEHENSWERT
Etwa 3 km außerhalb bereitet das **Trondenes Historiske Senter** multimedial die Geschichte der letzten tausend Jahre auf; Schwerpunkte bilden die Wikinger und das Mittelalter (Trondenesveien 122, Tel. 77 01 83 80, www.stmu.no; Mitte Juni–Mitte Aug. tgl. 11.00–16.00, sonst Di.–Fr. 11.00–15.00, Sa./So. 11.00–16.00 Uhr). In der Nähe erhebt sich die von außen recht unscheinbare **Kirche** von Trondenes. Die nördlichste mittelalterliche Steinkirche wurde 1434 erbaut; im Innern sind Altarbilder (15. Jh.) des in ganz Nordeuropa bekannten Lübeckers Bernt Notke sehenswert.

AKTIVITÄTEN
Grottebadet mitten im Zentrum ist ein tropisches Freizeitbad mit sehenswerter Höhlenarchitektur (Håkonsgate 7, Tel. 77 04 17 70, https://grottebadet.no; tgl. geöffnet).

INFORMATION
Harstad Turistinformasjon, Sjøgata 3,
N-9405 Harstad, Tel. 77 01 89 89,
www.visitharstad.com

NORWEGENS TRAUMARCHIPEL

Die Lofoten sind ein Traumziel vieler Norwegenreisender. Auf der Suche nach winzigen Fischerdörfern vor wilder Bergwelt wird man hier allerorts fündig. Mittlerweile ist die Schönheit der Inseln kein Geheimnis mehr, oft sind sie im Sommer überlaufen. Wer im Winter kommt, erlebt aber wohltuende Stille.

Aus rund achtzig Inseln bestehen die Lofoten; die größten sind Austvågøy, Gimsøy, Vestvågøy, Flakstadøy, Moskenesøy, Værøy und Røst. Auf der durch den Vestfjord vom Festland getrennten Inselgruppe leben ca. 24 000 Menschen. Die meisten Siedlungen liegen auf den besser vor Stürmen geschützten Ostseiten der Inseln. Markenzeichen der Lofoten sind gezackte, teils bis zu 1000 Meter hohe Berge, die direkt ans Meer reichen. Im Sommer erzeugt die Mitternachtssonne schier unglaubliche Lichtstimmungen, im Winter überziehen die mystischen Nordlichter den Nachthimmel.

Å i Lofoten mit seinem Tørrfiskmuseum (Trockenfischmuseum) direkt am Hafen bildet den Endpunkt einer Panoramafahrt entlang der Europastraße 10.

Die Europastraße 10 erschließt auf rund 330 Kilometer Länge die gesamten Lofoten. Kleine Abstecher führen zu den idyllischen Dörfern Eggum, Utakleiv und Unstad, wo die Mitternachtssonne besonders schön scheint und Traumstrände warten. Oder nach Nusfjord, wo die roten Rorbuer um den kleinen Hafen ein klassisches Lofotenmotiv bilden. Auch der Doppelort Hamnøy und Reine liegt vor einer besonders spektakulären Bergkulisse. Das südliche Ende der Panoramastraße markiert der Ort Å; am Horizont sind die Inseln Mosken und Værøy zu erkennen, dazwischen schäumt der Gezeitenwirbel Moskenstraum („Mahlstrom").

Seit der Eröffnung der **Lofast** (Lofotens fastlandsforbindelse) sind die Lofoten von der E 6 nahe Narvik bis nach Å mit Tunneln und Brücken verbunden.
Die **Rorbuer von Nusfjord** werden als Ferienhäuser vermietet (https://nusfjordarcticresort.com).
Im **Lofoten Tørrfiskmuseum** in Å erfährt man alles über Stockfisch (Tel. 76 09 12 11, Juni–Aug. tgl. 11.00–17.00 Uhr).

Von Harstad nach Hammerfest

INS LICHT DES NORDENS

Die Mitternachtssonne lässt die Küste in einem ganz eigenen Licht erstrahlen. Auch Tromsø zeigt sich zu dieser Jahreszeit von seiner schönsten Seite. Herrlich ist die Szenerie jedoch auch im Spätwinter, wenn die Tage schon wieder länger werden und man Hundeschlittenfahrten und andere Aktivitäten im Sonnenlicht genießen kann.

Einst alltägliches Transportmittel, sind Hundeschlitten mittlerweile eher als Freizeit- und Touristenspaß gefragt.

Nur einen Steinwurf von Tromsøs Hafen entfernt lässt sich am Vertshuset Skarven der Nordsommer genießen.

Entspannt erklimmt man dank der bequemen Seilbahn in wenigen Minuten Tromsøs Hausberg Storsteinen. Wer es kann, kehrt per Gleitschirm wieder ins Tal zurück.

Stilisierte Eisplatten aus Aluminium und Beton: Tromsøs Eismeerkathedrale

Die Fußgängern vorbehaltene Storgata ist Tromsøs Haupteinkaufsstraße.

TROMSØ KOKETTIERT GERN MIT SEINER LAGE, ALS OB WEITER NÖRDLICH NUR NOCH WILDNIS WÄRE.

Durch große Inseln gut vor dem offenen Meer geschützt, wird die Fahrt durch relativ enge Wasserstraßen wie Vågsfjord, Solbergfjord, Gisund und Straumsfjord in Richtung Tromsø fortgesetzt. Lange fahren die Schiffe der Hurtigruten an Norwegens zweitgrößter Insel Senja entlang. Obwohl man sich hier schon einige Hundert Kilometer nördlich des Polarkreises befindet, wächst auf der dem Festland zugewandten Seite der Insel dichtes Grün. Ganz anders präsentiert sich ihre Außenseite: Hier ragen fast tausend Meter hohe, wild gezackte, kahle Berge unvermittelt aus dem Meer auf, getrennt durch dramatische Fjorde mit schönen Sandstränden.

Spätestens so hoch im Norden wie hier haben im Sommer Tag und Nacht keine Bedeutung mehr; über Wochen wird es nicht mehr dunkel. In Tromsø beispielsweise scheint die Mitternachtssonne von Mitte Mai bis Ende Juli. Diese Lichtdusche wirkt wie ein Lebenselixier und ist die Belohnung für das Ausharren während der Polarnacht. Die Sonne nähert sich im Sommer unendlich langsam dem Horizont, ohne ihn wirklich zu erreichen, dadurch entstehen oft geradezu magisch wirkende Lichtstimmungen. Manchmal lässt sie die Berge in einem kräftigen Rot erglühen, oder sie malt Pastelltöne an den Himmel. Sind diese unwirklichen Farben für das Suchtpotenzial der Mitternachtssonne verantwortlich, oder ist es doch die Überdosis Licht?

INS PARIS DES NORDENS

Tromsø kokettiert gern mit seiner Lage, als ob weiter nördlich nur noch Wildnis wäre. Die Stadt ist stolz darauf, die nördlichste Universität, die nördlichste Kathedrale, den nördlichsten Botanischen Garten, die nördlichste Brauerei, das nördlichste Planetarium und das nördlichste Symphonie- und Kammerorchester zu besitzen. Das Internationale Filmfestival ist natürlich auch das nördlichste der Welt.

Für all diejenigen, die immer noch nicht überzeugt sind, schmückt sich die Stadt zudem mit dem Beinamen „Pforte zum Eismeer“. Das mag heute nicht mehr ganz aktuell sein, doch früher brachen tatsächlich viele Expeditionen von Tromsø in die Arktis auf. Schon vor hundert Jahren wurde Tromsø zum „Paris des Nordens“ gekürt. Waren es die Seeleute, die hier das Stadtleben mit all seinen Annehmlichkeiten nach der Einsamkeit auf See genossen, oder gab es schon damals geniale Marketingexperten?

Auch heute gilt: Verglichen mit anderen Städten im hohen Norden steppt in

Emmas Drømmekjøkken („Emmas Traumküche") heißt das in Tromsøs Kirkegata gelegene Nobelrestaurant von Anne Brit Andreassen. Die edlen Speisen werden im ersten Stock serviert. Hier im Erdgeschoss („Emmas Under") gibt man sich legerer und speist deutlich günstiger.

Seit Mitte des 13. Jahrhunderts besteht Tromsøs Festung Skansen, die damit ältester erhaltener Teil der Stadt ist. Heute dienen die Holzbauten als Kulturzentrum. Das Designcafé Smørtorget ist in der Sjøgata zu finden.

Tromsøs Stortorget: Wie es sich für einen „alten Platz" gehört, gibt es hier einen Markt.

Tromsø der Bär – zumindest im Sommer. Dazu passt, dass es so viele Kneipen, Bars und Restaurants gibt, dass ein Drittel der Bevölkerung gleichzeitig ausgehen kann. In den hellen Sommernächten spielt sich das Leben überwiegend draußen ab, Kneipen und Restaurants stellen Tische und Stühle vor die Tür, in der Fußgängerzone spielen Straßenmusikanten auf, oder man sitzt irgendwo in der Sonne und versucht, Licht für den langen Winter zu tanken. Denn den gibt es natürlich auch in Tromsø. Richtig kalt wird es zwar nicht, aber der Schnee kann meterhoch liegen – und es ist vor allem eins: dunkel. Auch wenn dann das über den Himmel tanzende Nordlicht fasziniert, bleibt man lieber drinnen und lebt auf Sparflamme.

Egal ob man im Winter oder Sommer nach Tromsø kommt, ein Blick von oben auf die Stadt ist Pflicht. Denn nur aus der Vogelperspektive erschließt sich die grandiose Bergwelt in der Umgebung. Gut zu sehen ist auch, wie die Insel Tromsøy, auf der das Stadtzentrum liegt, wie ein Korken im Flaschenhals sitzt.

ERDGAS STATT TOURISMUS

Auf dem Weg nach Hammerfest setzen die Lyngsalpen all den grandiosen Ausblicken auf die nordnorwegische Berg- und Inselwelt die Krone auf. Die Halbinsel Lyngen erstreckt sich fast hundert

Die „Nordkapp" hat im Hafen von Hammerfest festgemacht. Vor den Bergen im Hintergrund ist die Insel Melkøy mit ihren gigantischen Industrieanlagen zu erkennen.

Unübersehbarer Hinweis auf Hammerfests Eisbärenkultur vor dem Rathaus

Die Nordlichtkathedrale in Alta wurde mit Titanplatten verkleidet.

Special

Erdgasförderung in der Barentssee

Schatz in der Tiefe?

Erdöl und Erdgas haben Norwegen innerhalb weniger Jahrzehnte zu einem der wohlhabendsten Länder der Welt gemacht. Vor Hammerfest liegt eines der größten Erdgasfelder des Landes.

Auf Melkøy, der „Milchinsel", direkt vor Hammerfest, hat der mehrheitlich staatliche Konzern Statoil-Norsk-Hydro die größte Erdgasverflüssigungsanlage Europas errichtet. Das Erdgas stammt vom 1984 entdeckten Schneewittchenfeld (Snøhvitfelt), das rund 140 Kilometer nordwestlich von Hammerfest auf dem norwegischen Kontinentalsockel in der Barentssee liegt und eine geschätzte Fördermenge von 200 Milliarden Kubikmetern beinhaltet. Mit höchstem technischem Aufwand wurden ferngesteuerte Anlagen auf dem Meeresgrund zur Förderung in 250 bis 350 Meter Tiefe entwickelt. Durch eine Pipeline gelangt das Erdgas nach Melkøy, wird hier verflüssigt und zum Transport bis in die USA und nach Südeuropa auf Tankschiffe gepumpt.

Beim Bau der Anlage hatte der Umweltschutz hohe Priorität. So wird das im Erdgas enthaltene Kohlendioxid nicht in die Luft abgegeben, sondern unterirdisch gelagert. Schließlich will Norwegen bis 2030 kohlendioxidneutral sein. Dennoch schrieb die Osloer Wirtschaftszeitung „Dagens Næringsliv" 2008, als die Anlage fertiggestellt war: „Sie ist zu einem wirklichen Alptraum geworden." Nach gerade einmal zwei Tankerladungen Flüssiggas stand über Melkøya eine riesige Gasfackel. Als „Anfangsprobleme" heruntergespielt, sollen die emittierten Kohlendioxide, Stickoxide und die enormen Mengen Ruß sogar die Arktisschmelze beeinflusst haben. Es ist eben eine besondere Region. Industrielle Techniken, die in gemäßigteren Breiten beherrschbar sind, müssen hier im Nordland noch lange nicht reibungslos funktionieren.

Kilometer in Richtung Meer. Ihren höchsten Berg, den Jiekkevárri (1834 Meter), sieht man zwar nicht vom Schiff aus, dafür aber viele andere, fast ebenso hohe Gipfel, zwischen die sich immer wieder kleine Gletscher zwängen. Den Namen Alpen trägt diese grandiose Bergwelt zu Recht, doch im Gegensatz zum mitteleuropäischen Original sind sie kaum erschlossen und daher bei Wanderern, Kletterern und Skiläufern beliebt, die echte Herausforderungen suchen.

Den werbewirksamen Titel „Nördlichste Stadt der Welt" beansprucht seit jeher Hammerfest, auch wenn es einige Städte gibt, die noch weiter nördlich liegen. Seit 1998 besitzt auch Honningsvåg Stadtrecht und reklamierte alsbald den Superlativ für sich – obwohl auch diese Ortschaft gegenüber Barrow in Alaska den Kürzeren zieht. Die beiden norwegischen Zentren haben sich mittlerweile darauf geeinigt, dass Hammerfest mit „Nördlichste Stadt Europas" wirbt und Honningsvåg sich das Nordkap auf die Fahne schreibt. Hammerfest kann es mit einem Schmunzeln hinnehmen, denn die Stadt boomt dank der Erdgasförderung vor der Küste wie kaum eine andere in Norwegen. Der Tourismus ist längst nicht mehr so wichtig wie früher. Mit Erdgas kann man viel mehr Geld verdienen.

Die herrlichsten Landgänge

WASSERRATTEN AN LAND

Von den Panoramasalons und Sonnendecks genießen Hurtigrutenpassagiere einzigartige Ausblicke auf die norwegische Küste mit Fjorden, Bergen und Schären. Doch erst Landausflüge runden das Bild ab und bieten Erlebnisse, die man allein nicht organisieren kann. Bis zu siebzig verschiedene Ausflüge haben die Hurtigruten im Angebot, wobei nicht alle ständig angeboten werden. Ein rechtzeitiger Blick ins Programm der gebuchten Reise verschafft Gewissheit.

1 Jugendstil in Ålesund

Ålesund ist einzigartig in Norwegen – keine andere Stadt besitzt so viele Jugendstilbauten. Vor dem großen Stadtbrand von 1904 bestand es aus engen Gassen und alten Holzhäusern mit wenig Komfort. Weitsichtige Stadtplaner beschlossen, Ålesund nach dem Brand mit Steinhäusern im damals modernen Jugendstil neu aufzubauen. Viele der so entstandenen Häuser mit Rundtürmen und floralen Ornamenten gibt es noch heute. Auf dem Stadtspaziergang besucht man auch das Jugendstilsenteret, in dem die Hintergründe zum Brand und der Wiederaufbau in Rekordzeit erklärt werden.

Auf der nordgehenden Route im Winter und Frühling, 2 Std., für die meisten geeignet

2 Geiranger mit Trollstigen

Wenn das Schiff durch den Geirangerfjord gleitet, bieten sich grandiose Ausblicke auf Norwegens berühmtesten Fjord, der zum UNESCO-Weltnaturerbe zählt. Doch bei einem Landgang eröffnen sich noch mal ganz neue Perspektiven auf schneebedeckte Berge, steile Fjordufer und wilde Wasserfälle. Der Ausflug beginnt mit einer Fahrt über die Adlerstraße und einem Blick aus der Vogelperspektive auf den Fjord. Dann geht es über den Eidsdalsvatnet zur Schlucht Gudbrandsjuvet, bevor mit den Serpentinen des Trollstigen ein weiterer Höhepunkt wartet und es nach einem Abendessen in Molde wieder an Bord geht.

Auf der nordgehenden Route im Sommer, 7,5 Std., für die meisten geeignet

3 Das Marmorbergwerk von Bergtatt

Der Ausflug beginnt mit einer Fahrt von Kristiansund nach Eide. Weiter geht es mit dem Bus ins Bergwerk, in dem Marmor und Kalkstein gebrochen werden. Ausgerüstet mit Helmen und Schwimmwesten steigt man ins Boot, das über einen kristallklaren beleuchteten See unter Tage fährt. Bei einem warmen Essen erfährt man alles über das Bergwerk und den Abbau. Nach einer kurzen Stadtbesichtigung von Molde geht es zurück aufs Schiff.

Auf der südgehenden Route im Herbst, Winter und Frühling, 4,5 Std., mit warmer Kleidung für die meisten geeignet

4 Lofotr Wikingerfest

In dem kleinen Ort Borg auf den Lofoten haben Archäologen die Überreste eines Langhauses aus der Wikingerzeit gefunden und es in Originalgröße und mit authentischer Inneneinrichtung wieder aufgebaut. Der Sitz des einst wichtigen Wikingerhäuptlings wird besichtigt; dabei erfährt man viel über die Bewohner des imposanten Hauses vor über tausend Jahren und erhält vom Hausherrn ein Wikingermahl serviert.

Auf der nordgehenden Route ganzjährig, 2 Std., für die meisten geeignet

5 Seeadlersafari

Die Lofoten sind ein Vogelparadies, im dem auch der majestätische Seeadler zu Hause ist. Nördlich des Trollfjords steigt man in ein Ausflugsboot und folgt dem Hurtigrutenschiff in den engen Fjord, um zu sehen, wie es auf engstem Raum wendet. Nach dem Verlassen des Trollfjords werden Möwen und Seeadler mit Fischen angelockt. Möwen jagen die Fischstücke sogar direkt aus der Hand, während die Greifvögel sie mit ihren Klauen aus dem Wasser fischen. In Svolvær trifft das Boot dann wieder das Hurtigrutenschiff.

Auf der südgehenden Route im Frühling, Sommer und Herbst, 2 Std., für die meisten geeignet

6 Vega

Im Meer vor Sandnessjøen und Brønnøysund liegt der Vega-Archipel. Auf den Inseln kümmern sich die Menschen seit jeher um die Eiderenten, bieten ihnen Brutplätze und beschützen sie vor Feinden. Auf der Hauptinsel Vega wird das E-Haus Museum besucht, das den Eiderenten gewidmet ist. Hier erhält man einen Einblick in die Geschichte und die Tradition, aus den Daunen der Eiderenten kuschelige Decken herzustellen. Hier erfährt man auch, warum der Vega-Archipel von der UNESCO in die Welterbeliste aufgenommen wurde. Danach geht es entlang der idyllischen Helgelandküste zurück nach Brønnøysund und an Bord der Hurtigruten.

Auf der südgehenden Route im Sommer und Herbst, Dauer 4 Std., für jeden geeignet

7 Königskrabben-Expedition

Rote Königskrabben erreichen eine beeindruckende Beinspannweite von bis zu 1,80 Meter. In den letzten Jahren haben sich die Tiere, die als Delikatesse gelten, in der Barentssee explosionsartig vermehrt. Mit dem Schlauchboot geht es durch den Bugøyfjord hinaus auf die Barentssee, wo die Fangkäfige an Bord geholt werden. Zurück an Land werden die Königskrabben in einem Bootshaus am Fjord fachmännisch zubereitet und anschließend verspeist.

Auf der nordgehenden Route im Frühling, Sommer und Herbst, 3 Std., mit warmer, winddichter Kleidung für jeden mit durchschnittlicher körperlicher Verfassung geeignet

8 Das Nordkap

Der beliebteste Ausflug! Das Hurtigrutenschiff umrundet zwar den Nordkapfelsen, doch man möchte zu Hause schließlich erzählen, dass man am vermeintlich nördlichsten Punkt Europas – gut 300 Meter über dem Meer – gestanden hat. Von Honningsvåg geht es mit dem Bus zur Nordkaphalle und nach der Besichtigung des Besucherzentrums zum Erinnerungsfoto ans Globus-Denkmal. Wer Glück mit dem Wetter hat, genießt dabei einen weiten Blick über das Eismeer.

Auf der nordgehenden Route zu jeder Jahreszeit, 3 Std., für alle geeignet

9 Winterabenteuer Husky

Von Tromsø geht es nach Kvaløya, wo die Schlittenhunde es nicht erwarten können, endlich loszulegen. Mit Riesenradau ziehen sie die Schlitten durch die winterliche Märchenlandschaft mit beeindruckenden Ausblicken auf schneebedeckte Berge. Nach der Tour erfährt man in einem Lavvu, einem Zelt der Sámi, mehr über das Villmarkssenter.

Auf der nordgehenden Route im Herbst, Winter und Frühling, 3,5 Std., mit warmer, winddichter Kleidung für jeden mit durchschnittlicher körperlicher Verfassung geeignet

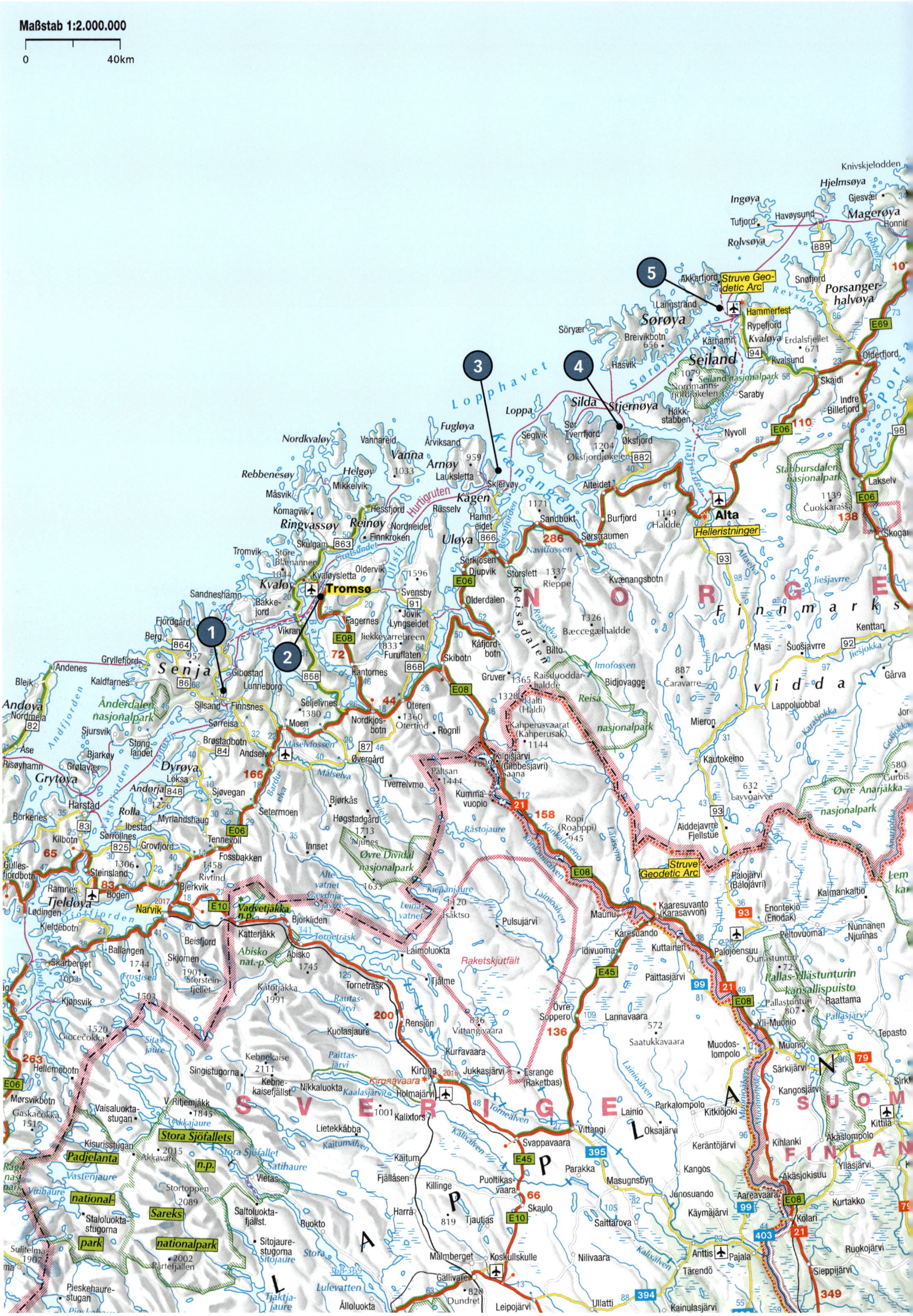

Maßstab 1:2.000.000
0
40km
1
2
3
4
5
Struve Geodetic Arc
Struve Geodetic Arc
Knivskjelodden
Hjelmsøya
Gjesvær
Magerøya
Honningsvåg
Ingøya
Havøysund
Tufjord
Rolvsøya
Snøfjord
Porsangerhalvøya
Akkarfjord
Hammerfest
Rypefjord
Kvaløya
Erdalsfjellet
Langstrand
Sørøya
Söryær
Breivikbotn
Kårhamn
Kvalsund
Seiland
Seiland nasjonalpark
Nordmannsjøkelen
Saraby
Hasvik
Sørøysundet
Olderfjord
Skaidi
Indre Billefjord
Lopphavet
Loppa
Silda
Stjernøya
Hakkstabben
Nyvoll
Seglvik
Sør Tverrfjord
Øksfjord
Øksfjordjøkelen
Altafjorden
Stabbursdalen nasjonalpark
Lakselv
Čuokkarašša
Alteidet
Burfjord
Halde
Alta
Helleristninger
Kvænangen
Nordkvaløy
Vannareid
Vanna
Fugløya
Årviksand
Arnøy
Laukslettta
Skjervøy
Rebbenesøy
Helgøy
Mikkelvik
Måsvik
Komagvik
Hessfjord
Hurtigruten
Kågen
Ringvassøy
Reinøy
Nordneidet
Rússelv
Hamneidet
Finnkroken
Skulgam
Uløya
Sandbukt
Sørstraumen
Navitfossen
Tromvik
Store Blåmannen
Kvaløysletta
Oldervik
Sørkjosen
Djupvik
Storslett
Rieppe
Kvænangsbotn
Kvaløy
Tromsø
Svensby
Olderdalen
Reisadalen
NORGE
Finnmarksvidda
Jiesjavrre
Sandneshamn
Bakkejord
Jøvik
Lyngseidet
Fagernes
Jiekkevarrebreen
Furuflaten
Kåfjordbotn
Bilto
Bæccegælhaldde
Masi
Šuoššjavrre
Kenttan
Fjordgård
Berg
Vikran
Skibotn
Gryllefjord
Senja
Gibostad
Lunneborg
Kantornes
Gruver
Raisduoddarhaldde
Imofossen
Bidjovagge
Čaravarre
Gárva
Andenes
Blejk
Kaldfarnes
Andøya
Nordmela
Ånderdalen nasjonalpark
Silsand
Finnsnes
Seljelvnes
Oteren
Otertind
Halti (Haldi)
Reisa nasjonalpark
Mieron
Lappoluobbal
Andfjorden
Sørreisa
Moen
Nordkjosbotn
Rognli
Kaperusvaarat (Kahperusak)
Sjursvik
Stonglandet
Brøstadbotn
Andselv
Målselvfossen
Øvergård
Kilpisjärvi
Gilbesjavri
Saana
Kautokeino
Åse
Bjarkøy
Risøyhamn
Grøtavær
Grytøya
Dyrøya
Løksa
Tverrelvmo
Pältsan
Kummavuopio
Lavvoaivve
Øvre Anarjákka nasjonalpark
Gurbiš
Andørja
Sjøvegan
Målselva
Bjørkås
Rastojaure
Ropi (Roahppi)
Harstad
Rolla
Myrlandshaug
Setermoen
Høgstadgård
Aiddejavrre Fjellstue
Borkenes
Ibestad
Tennevoll
Øvre Dividal nasjonalpark
Kilbotn
Sørrollnes
Grovfjord
Innset
Gullesfjordbotn
Steinsland
Fossbakken
Rivtind
Alte vatnet
Čevdnjajávri
Kiepanjaure
Lainioälven
Palojärvi (Bálojávri)
Kalmankaltio
Ramnes
Tjeldøya
Bogen
Bjerkvik
Leinavatnet
Isaktso
Pulsujärvi
Enontekiö (Enodak)
Lødingen
Narvik
Vadvetjåkka n.p.
Kaaresuvanto (Karasavvon)
Maunu
Nunnanen
Njunnas
Kjeldebotn
Ofotfjorden
Björkliden
Katterjåkk
Torneträsk
Laimoluokta
Karesuando
Kuttainen
Peltovuoma
Ballangen
Beisfjord
Abisko nat.-p.
Abisko
Raketskjutfält
Idivuoma
Palojoensuu
Skarberget
Skjomen
Storsteinfjellet
Torneträsk
Tjålme
Paittasjärvi
Ounastunturi
Pallas-Yllästunturin kansallispuisto
Kjøpsvik
Frostisen
Kåtotjåkka
Rautasjärvi
Rensjön
Övre Soppero
Pallastunturi
Raattama
Yli-Muonio
Gieccečokka
Kuolasjaure
Vittangivaara
Lannavaara
Saatukkavaara
Muodoslompolo
Tepasto
Sitasjaure
Kurravaara
Muonio
Hellemobotn
Kebnekaise
Singistugorna
Kebnekaisefjällst
Paittasjärvi
Kirunavaara
Kiruna
Jukkasjärvi
Esrange (Raketbas)
Särkijärvi
Nikkaluokta
Kaalasjärvi
Holmajärvi
Kangosjärvi
Mørsvikbotn
Gaskačokka
Vaisaluoktastugan
Ritjemjåkk
Akkajaure
Kalixfors
SVERIGE
Torneälven
Lainio
Parkalompolo
Kitkiöjoki
Lainioälven
SUOMI
Kittilä
Kisurisstugan
Stora Sjöfallets n.p.
Lietekkåbba
Kaitumälven
Kalixälven
Svappavaara
Vittangi
Oksajärvi
Keräntöjärvi
Äkäslompolo
Padjelanta nationalpark
Akkavare
Stora Sjöfallet
Satihaure
Vastenjaure
Vitihaure
Kaitum
Parakka
Kangos
Kihlanki
FINLAND
Ylläsjärvi
Vietas
Fjällåsen
Killinge
Puoltikasvaara
Masugnsbyn
Junosuando
Äkäsjokisuu
Stortoppen
Sareks nationalpark
Staloluoktastugorna
Saltoluoktafjällst.
Harrå
Tjautjas
Skaulo
Aareavaara
Kurtakko
Käymäjärvi
Kolari
Ruokto
Sitojaurestugorna
Sitojaure
Pårtefjällen
Sulitelma
Stora
Nilivaara
Saittarova
Kalixälven
Anttis
Pajala
Ruokojärvi
Malmberget
Koskullskulle
Tärendö
Sieppijärvi
Gällivare
Dundret
Pieskehaurestugan
Tjaktjajaure
Lulevatten
Ålloluokta
Leipojärvi
Ullatti
Kainulasjärvi
LAPPLAND

KARGE KÜSTEN, WINZIGE FISCHERDÖRFER

Zwei längere Aufenthalte in Tromsø und Hammerfest ermöglichen ausführliche Landgänge. Tromsø beeindruckt nicht nur durch seine Lage auf einer Insel im Fjord, auch die Museen sind sehenswert. Und in Hammerfest – einst die nördlichste Stadt der Welt – ist man endgültig im hohen Norden angekommen.

1 Finnsnes

Nordgehend haben die Hurtigrutenschiffe in Finnsnes (4700 Einw.) in der Regel zur Mittagszeit eine halbe Stunde Aufenthalt; auf ihrem Rückweg gen Süden legen sie mitten in der Nacht an. Der Ort, Verwaltungszentrum der Region, wird von den Hurtigruten schon seit 1893 angelaufen. Finnsnes, selbst ohne eigene Sehenswürdigkeiten, nennt sich „Pforte zur Perle" – wobei mit der Perle die Insel Senja gemeint ist.

HOTEL

€ **Finsnes Gaard** ist ein Bauernhaus aus dem frühen 19. Jh.; man kann in teils historisch eingerichteten Zimmern und Hütten am Wasser übernachten (Innerneset 7, Tel 48 25 00 20, www.finsnesgaard.no).

UMGEBUNG

Die nationale Touristenstraße, die an der Außenseite der **Insel Senja** von Botnhamn nach Gryllefjord führt, zählt zu den spektakulärsten des Landes. Zwischen Meer und Bergen gibt es auf dem schmalen Streifen Land immer wieder kleine Dörfer mit kunterbunten Häusern. Mitten im Øyford liegt malerisch die kleine **Insel Husøy**, deren Häuser sich dicht aneinanderdrängen, als ob sie so besser dem harten Klima trotzen könnten. Im Nordwesten erstreckt sich der kleine Ånderdalen-Nationalpark. Durch hohe Berge gut vor den eiskalten Polarwinden geschützt, gedeihen hier Kiefern und Birken, dazwischen erstrecken sich Seen und Moore.

Mehrere Fjorde, wie hier der Ornfjord, prägen die Küste Senjas. Das Erlebniszentrum Polaria zeigt u. a. Robben aus nächster Nähe.

INFORMATION

Tel. 93 02 22 33, www.visitsenja.no

2 Tromsø

Mit rund 77 000 Einw. ist Tromsø die größte Stadt Nordnorwegens. Das Stadtgebiet umfasst mehr als 2500 km², was in etwa der Größe des Saarlands entspricht; Tromsø ist damit auch die flächengrößte Stadt des Landes. Bereits in vorgeschichtlicher Zeit war das Gebiet Siedlungsraum, 1252 wurde die erste Kirche errichtet, 1794 folgte das Stadtrecht für die Robbenjägerhochburg. 1940 war Tromsø für einige Wochen Hauptstadt des noch nicht vollständig von den Deutschen besetzten Norwegens, bevor es diesen als Flottenstützpunkt diente. Ab 1960 erlebte die Stadt ein starkes Bevölkerungswachstum infolge der Gründung der Universität, die heute mit diversen Forschungseinrichtungen, eigenem Universitätsklinikum und über 15 000 Studierenden zu den größten Hochschulen des Landes zählt. Darüber hinaus sind in Tromsø die Norwegische Fischereihochschule sowie das Klima- und Umweltforschungszentrum Framsenteret ansässig.

SEHENSWERT

Tromsø überstand den Zweiten Weltkrieg – als einzige Stadt in Nordnorwegen – mit vergleichsweise geringen Schäden. Deshalb gibt es vor allem in der Storgata, Sjøgata, Skippergata, Grønnegata und Strandgata noch einige alte **Holzhäuser,** obwohl die Stadt insgesamt einen sehr modernen Eindruck macht. Das Zentrum liegt auf der Insel Tromsøy, die durch eine gut 1000 m lange Brücke mit dem Festland verbunden ist. Auf Tromsøy steht auch der **Dom** (1861), eine der größten Holzkirchen des Landes, die zwischen den Neubauten aller-

Tipp

Aussicht vom Storstein

Rund 1 km südlich der Eismeerkathedrale befindet sich die Talstation des Fjellheisen. Die Seilbahn bringt Besucher in vier Minuten auf Tromsøs Hausberg, den 421 m hohen Storstein. Von der Bergstation genießt man einen weiten Blick über die Stadt und die umliegenden Berge. In der Fjellstua – mit Terrasse – werden tagsüber Kaffee und kleine Gerichte serviert, am Abend isst man à la carte.

SEILBAHN FJELLHEISEN

Sommer 10.00–1.00, sonst bis 0.00 Uhr; Sollivegen 12, Tromsø, www.fjellheisen.no

dings leicht übersehen wird. In der Storgata hat Ludwig Mack, ein Bäcker aus Braunschweig, die nach ihm benannte Brauerei gegründet. Die Bierproduktion ist mittlerweile nach Nordkjosbotn umgezogen, doch der Ausschank ist in der Storgata geblieben.
Wahrzeichen Tromsøs ist die moderne, im Jahr 1965 eingeweihte **Eismeerkathedrale,** die eigentlich Tromsdalen Kirke heißt. Ihre auffällige dreieckige Silhouette in der Nähe der Tromsøbrua soll an aufgeschichtete Eisschollen erinnern. Hinter dem Altar bildet ein großes Glasmosaikfenster den zentralen Blickfang. Im Sommer finden in der Kirche Konzerte statt (Hans Nilsens vei 41, www.ishavskatedralen.no; Juni–Mitte Aug. Mo.–Sa. 9.00–18.00, So. 13.00 bis 17.00 Uhr, sonst kürzer).

MUSEEN

Das **Polarmuseum** in einem historischen Lagerhaus informiert über den Fischfang und bedeutende Polarexpeditionen – schließlich haben hier zahlreiche Forschungsreisen in die Arktis ihren Anfang genommen (Søndre Tollbugate 11, Tel. 77 62 33 60, https://uit.no/tmu/polarmuseet; Juni–Mitte Aug. tgl. 9.00–17.00, sonst 11.00–17.00 Uhr). Im **Tromsø Museum** (Norges arktiske universitetsmuseum) wird eine der bedeutendsten Ausstellungen zur samischen Kultur und Geschichte sowie zur Volksmusik Lapplands gezeigt. Eine Abteilung ist der Tier- und Pflanzenwelt Nordskandinaviens gewidmet (Lars Thørings veg 10, Tel. 77 64 50 01, www.uit.no/tmu; Juni–Mitte Aug. tgl. 9.00–17.00, sonst Mo.–Fr. 10.00–16.30, Sa. 12.00–15.00, So. 11.00–16.00 Uhr). Dauer- und Wechselausstellungen von Kunst und Kunsthandwerk vor allem aus Nordnorwegen, vom frühen 19. Jh. bis zur Gegenwart zeigt das **Nordnorsk Kunstmuseum** (Sjøgata 1, Tel. 77 64 70 20, www.nnkm.no; tgl. 10.00–17.00, Do. bis 20.00 Uhr).

Historische Lagerhäuser am Hafen von Tromsø; die Meridiansäule von Hammerfest; Blick auf die mächtigen Lyngsalpen

bieten hat (Killengrens gate, Tel. 77 68 76 00, https://fiskekompani.no).
Das Traditionsrestaurant **€ € € / € € Vertshuset Skarven** punktet mit Blick auf den Hafen (Strandtorget 1, Tel. 77 60 07 20, https://skarven.no). Im selben Gebäude residieren das für exzellenten Fisch und ebensolche Schalentiere bekannte **€ € € Arctandria Sjømat Restaurant** sowie das **€ € € /€ € Skarvens Biffhus**, in dem vor allem Steaks serviert werden.

EINKAUFEN

Der **Tromsø Gift & Souvenir Shop** hat eine große Auswahl – vom obligatorischen Troll bis zu samischem Kunsthandwerk (Strandgata 36, www.tgss.no).

NACHTLEBEN

Vor allem während der Zeit der Mitternachtssonne ist Tromsø für studentisch geprägtes Nachtleben bekannt. **Rorbua** ist ein landesweit bekannter Pub im Stil einer Fischerhütte mit großer Bier- und Weinauswahl (Fredrik Langes gate, www.rorbuapub.no, Tel. 77 75 90 86).
Ølhallen ist Tromsøs ältester Pub – eröffnet 1928. In dieser landesweit bekannten Institution kann man das Mack-Bier probieren (Storgata 4, www.mack.no/olhallen; Mo.–Do 12.00 bis 0.30, Fr./Sa. 12.00–1.30, So. 13.00–18.00 Uhr).

FESTIVALS

Ende Januar findet das **Nordlichtfestival** mit zahlreichen Konzerten statt (www.nordlysfestivalen.no). Ein weiterer Grund, Tromsø im Januar zu besuchen, ist das **Internationale Filmfestival,** das sich zu einem der bedeutendsten Filmfeste in Nordeuropa entwickelt hat (www.tiff.no).

TROMSØ IST FÜR SEIN STUDENTISCH GEPRÄGTES NACHTLEBEN BEKANNT – VOR ALLEM WÄHREND DER ZEIT DER MITTERNACHTSSONNE.

Im arktischen Erlebniszentrum **Polaria** erfahren die Besucher alles über die Polarregion und die Barentssee. Die bemerkenswerte Architektur des Gebäudes erinnert an übereinandergeschobene Eisschollen (Hjalmar Johansens gate 12, Tel. 77 75 01 00, https://polaria.no; tgl. 10.00–16.00 Uhr).

HOTEL UND RESTAURANTS

Das komfortable **€ € € Scandic Ishavshotel** in zentraler Lage hat aus fast jedem Zimmer einen schönen Blick über den nahe gelegenen Hafen (Fredrik Langesgate 2, Tel. 77 66 64 00, www.scandichotels.com).
€ € € € Store Norske Fiskekompani ist ein Fischrestaurant der Spitzenklasse; beim Skalldyrfest wird alles aufgetischt, was das Meer zu

INFORMATION

Tromsø Turistinformasjon, Prostneset Havneterminal, Samuel Arnesensgate 5, N-9008 Tromsø, Tel. 77 61 00 00, www.visittromso.no

3 Skjervøy

Nachdem die nordgehenden Hurtigrutenschiffe den engen Kågsund passiert haben, legen sie für einige Minuten im geschützten Hafen von Skjervøy (2900 Einw.) auf der gleichnamigen Insel an. Der Ort ist ein alter Handelsplatz, der von der Landseite früher schwer zu erreichen war. Über den Hafen wurde jedoch Fisch bis nach Bergen verschifft; auch der Handel mit den Pomoren, russischen Siedlern am Weißen Meer, florierte bis 1914. Heute ist Skjervøy dank Brücke und Tunnel mit dem Festland verbunden. Fischfang und -verarbeitung sind neben einer Werft die Haupterwerbszweige. Schlagzeilen machte der Ort, als 1896 die „Fram" nach einer dreijährigen Polarexpedition hier anlegte.

SEHENSWERT

Die **Dorfkirche** wurde 1721 erbaut und gilt als eine der ältesten Holzkirchen der Region.

INFORMATION

Skjervøy Turistinformasjon, Skoleveien 6, N-9180 Skjervøy, Tel. 77 77 55 00, https://www.visit-lyngenfjord.com/no/inspirasjon/skjervøy

4 Øksfjord

Das winzige Dorf mit nicht einmal 500 Einw. liegt zu Füßen des 830 m hohen Grasdalsfjells. Viel spektakulärer ist der Blick auf den gegenüberliegenden Plateaugletscher Øksfjordjøkel.

Der 43 km² große Gletscher erstreckt sich zwischen Øksfjord und Kvænangen und ragt bis 1200 m auf. Er ist nur auf einem Bootsausflug erreichbar. Im Gegensatz zu anderen Gletschern Norwegens schrumpft er gegenwärtig relativ wenig. Verantwortlich dafür sind die zahlreichen Niederschläge, die auf seinem Plateau als Schnee niedergehen.

INFORMATION
Øksfjord Turistinformasjon, Parkveien 1, N-9550 Øksfjord, Tel. 78 45 30 00, www.loppa.kommune.no

5 Hammerfest

Hammerfest (11 500 Einw.) liegt auf der Insel Kvaløy und ist dank seines auch im Winter eisfreien Hafens wichtiger Fischer- und Handelsort in Nordnorwegen. Der Bauboom infolge von Erdgasfunden vor der Küste (siehe S. 97) verdrängte die nach dem Zweiten Weltkrieg entstandenen Zweckbauten immer mehr aus dem Stadtbild. Um die Polarnacht von Mitte November bis Mitte Januar erträglicher zu machen, bekam Hammerfest schon 1890 eine Straßenbeleuchtung.

SEHENSWERT
Die **Meridiansäule** von 1856 erinnert an die erste internationale Erdvermessung und gehört mit 33 weiteren geodätischen Messpunkten des Struve-Bogens zum UNESCO-Welterbe. Im **Isbjørnklub** gibt es eine Ausstellung zum Fischfang und zu Arktisunternehmungen sowie einen ausgestopften Eisbären; ihn anzuschauen genügt, um in die Royal and Ancient Society of Polar Bears aufgenommen zu werden. Die Mitgliedschaft im Eisbärenklub wird – gegen einen kleinen Obolus – mit Urkunde, Ausweis und Anstecknadel besiegelt; die Erlöse fließen in Eisbärenprojekte des WWF (Strandgata 29, Tel. 78 41 21 85, www.isbjornklubben.no; Mo.–Fr. 10.00–15.00 Uhr). In der **Galleri Syvstjerna** präsentiert Eva Arnesen ihre Bilder (Fjordaveien 27, Rypefjord, Tel. 95 19 98 97).

MUSEEN
Das **Gjenreisningsmuseet** erzählt die Geschichte von der Zerstörung der Stadt während des Zweiten Weltkriegs und vom Wiederaufbau nach 1945 (Kirkegata 19, Tel. 78 40 29 40, www.kystmuseene.no; Mitte Juni–Mitte Aug. Mo.–Mi. 10.00–15.00, Do. 10.00–18.00, Sa./So. 11.00 bis 14.00 Uhr).

ERLEBEN
Auf dem 80 m hohen Aussichtsberg **Salen** befindet sich der Aussichtsturm Varden. Hinauf führt vom Zentrum ein Serpentinenweg; man kann aber auch mit dem Auto hochfahren, um die weite Aussicht zu genießen.

INFORMATION
Hammerfest Turistinformasjon, Hamnegata 3, N-9600 Hammerfest, Tel. 78 41 21 85, www.visithammerfest.net

ZUM RAND DES SAUTSO-CANYON

Die wenige Kilometer lange Anfahrt auf einer steilen, unbefestigten Straße endet mit einem weiten Blick auf die baumlose Beskades-Hochebene. Hier beginnt die Wanderung zu Nordeuropas tiefster Schlucht, dem imposanten Alta-Canyon, der auch unter dem Namen Sautso-Canyon bekannt ist. Er ist nur zu Fuß zu erreichen, eine Autostraße gibt es nicht.

Der Wanderweg ist zwar nicht durchgehend markiert, aber so breit und ausgetreten, dass man ihn nicht verfehlen kann – zumindest bei guter Sicht ist die Orientierung einfach. Die Tour zum Canyon und wieder zurück auf steinigen oder sumpfigen Pfaden dauert rund vier Stunden. Mückenschutz ist ein Muss.

Urtümlich, karg und bizarr: der Alta- oder Sautso-Canyon

Anfangs geht es ständig bergauf, bis man linker Hand einen See passiert. Viele matschige Stellen sind mit Planken überbrückt, auch über den Fluss gelangt man nur mithilfe einiger Bretter. Wer nicht mit Gummistiefeln unterwegs ist, wird vor allem im Frühsommer nasse Füße bekommen. Eiszeitgletscher haben das Plateau der Finnmarksvidda glattgehobelt. In der Ferne ist nun schon die tiefe Furche des Alta-Canyons zu erahnen. Nach rund 90 Minuten erreicht man die Schlucht Cap'pesjåkka. Danach steigt man in ein Birkenwäldchen ab und steht unvermittelt am Rand des Canyons, wo man in die bis zu 400 Meter tiefe Schlucht schauen kann, an deren Grund der Altaelv fließt.

Ausgangspunkt des Ausflugs ist die Gargia Lodge, rund 25 Kilometer südlich von Alta. Hier kann man in Zimmern, Apartments und Hütten übernachten und sich mit samischen Gerichten stärken. Im Winter kann man auch eine Nacht im Aurora Dome verbringen und beim Glamping auf Polarlichter hoffen.

Gargia Lodge: Gargiaveien 96, Tel. 78 43 33 51, https://gargialodge.no

Von Hammerfest nach Kirkenes

*

TRAUMZIEL NORDKAP

*

Honningsvåg ist das Sprungbrett zum Nordkap, das seit seiner Entdeckung die Menschen magisch anzieht. Entsprechend groß ist der Andrang – zumindest im Sommer. Wer im Winter kommt, erlebt das Nordkap tiefgefroren und in Stille. Bis Kirkenes, dem boomenden Zentrum der Barentsregion, kann man die Weite der Finnmark von Bord aus erleben.

Die Mitternachtssonne am Nordkap ist ein unvergessliches Erlebnis, das man aber meistens mit vielen anderen teilen wird.

Der Name ist Programm: Die Insel Magerøy („karge Insel") ist nur spärlich bewachsen – hier der Blick Richtung Nordkap (ganz oben). Zweitgrößter Ort auf der Insel ist mit rund 130 Einwohnern das Fischerdorf Gjersvær (oben). Unter dem Wahrzeichen des Nordkaps, dem Stahlglobus mit stilisierten Längen- und Breitengraden, versammeln sich die Touristen.

Die „Nordkapp" läuft in den Hafen von Honningsvåg ein. Hier beginnt der Abstecher zum Nordkap.

»HIER BIN ICH NUN AM NORDKAP, AM ÄUSSERSTEN PUNKT FINNMARKS, UND ICH KANN OHNE WEITERES SAGEN: AM ÄUSSERSTEN PUNKT DER WELT. DENN WEITER NÖRDLICH GIBT ES KEINEN VON MENSCHEN BEWOHNTEN ORT MEHR.«

Das dachte der italienische Geistliche Francesco Negri (1624–1698), der wohl als Erster das Nordkap als Reiseziel angab, als er gen Norden aufbrach.

Am sechsten Tag nach dem Ablegen in Bergen wird zur Frühstückszeit im kleinen Fischerort Havøysund der letzte kurze Halt vor dem Nordkap eingelegt. Jetzt sind es nur noch zwei Stunden bis nach Honningsvåg, wo der unvermeidliche Abstecher zum Traumziel der meisten Hurtigrutenfahrer beginnt. Vorbei an der kleinen Insel Måsøy geht es zur Einfahrt in den schmalen Magerøysund, der die Insel Magerøy vom nördlichen Teil der Porsanger-Halbinsel trennt. Auf der Backbordseite ist das Gråkallfjell zu sehen, der höchste Berg der Nordkapinsel. Die Fahrt durch den schmalen Mågerøysund ist zwar interessant, und doch ist es schade, dass die Route nicht um Magerøy herumführt, wären doch die Nordseite der Insel mit ihren tief eingeschnittenen Fjorden und steilen Klippen sowie der Blick auf den Nordkapfelsen vom Meer aus mit Sicherheit weitere Höhepunkte.

Früher schwammen Rentierherden im Frühjahr an der schmalsten Stelle durch den Sund, um von der Winter- auf die Sommerweide zu gelangen. Im Herbst mussten sie auf demselben Weg wieder zurück auf die Porsanger-Halbinsel, ein hartes Geschäft für Mensch und Tier. Heute werden sie auf Lastwagen verladen und reisen bequem durch den Nordkaptunnel. Die modernen Zeiten machen auch vor dem Nordkap nicht halt.

71° 10' 21"

Seit der englische Expeditionskapitän Richard Chancellor 1553 im Auftrag von König Eduard VI. das Nordkap eher zufällig bei der Suche nach einem nordöstlichen Seeweg nach China entdeckte, hat dieses Felsplateau die Menschen fasziniert. Als an Urlaub für jedermann noch nicht zu denken war, reiste vor allem die Oberschicht mit viel Zeit und Geld an. Doch so einfach wie heute hatten sie es nicht. „Man landet auf der Nordostseite des Kaps in der Hornvik. Ein etwas beschwerlicher Weg, der mit eisernen Stangen und Seilen zum Anhalten versehen ist, führt den begrünten, zum Teil sumpfigen und steinbedeckten Abhang hinan. Man braucht etwa 50 Minuten bis oben und dann auf dem Plateau, an einem gespannten Draht entlang, noch 20 Minuten bis zur vordersten Höhe. Eine Granitsäule erinnert an den Besuch des Königs Oskar II. am 2. Juli 1873. In einem Pavillon wird Sekt zu 8–14 Kronen die Flasche verkauft." So beschreibt der Baedeker von 1903 die Ankunft am Nordkap.

Heute stellt man sein Auto auf dem riesigen Parkplatz ab und ist schon nach wenigen Schritten an der Nordkaphalle. Eine Tafel am Eingang lässt keinen Zwei-

Auf der „Polarlys“ zwischen Havøysund und Honningsvåg

Skarsvåg auf Magerøy gilt als nördlichstes Fischerdorf der Welt.

Eisfreier Hafen von Skarsvåg: Auch die Fischer an Norwegens Nordmeerküste profitieren vom Nordatlantikstrom, der Verlängerung des Golfstroms.

Auf dem Bøkfjord Richtung Kirkenes: Eisbrechende Schlepper halten zur Unterstützung der Hurtigrutenschiffe die Zufahrt frei.

WOHIN MAN AUCH SCHAUT, AUF NÜTZLICHEM UND UNNÜTZEM PRANGT DAS NORDKAPLOGO.

fel: 71° 10' 21" nördlicher Breite sind erreicht! Dann steht man unter der Weltkugel und schaut vom 300 Meter hohen Nordkapfelsen in Richtung Nordpol. Bei schönem Wetter ein atemberaubender Blick – vor allem wenn die Wolken vom Meer aufsteigen und sich in den gerippten Abhängen verfangen oder wenn die Mitternachtssonne Himmel und Wolken rosa färbt. Dann hat sich die lange Anfahrt gelohnt.

Denjenigen, die im Nebel stehen, bleibt die Nordkaphalle ein Trost; dort wird das Naturerlebnis zum Souvenirabenteuer. Wohin man auch schaut – auf Nützlichem und Unnützem prangt das Nordkaplogo. Die meisten schreiben vom Nordkapschalter mit Nordkapstempel versehene Nordkappostkarten und werfen dabei hin und wieder einen Blick durch die Panoramascheiben, ob irgendetwas zu sehen ist. Falls nicht, wird hier immerhin eine Light-and-Sound-Show geboten.

EINSAME FINNMARK

Jenseits von Honningsvåg fahren die Hurtigruten an mehreren großen Halbinseln entlang, die von tief eingeschnittenen Fjorden getrennt werden, und legen in meist winzigen Fischerdörfern an, die im Winter nur noch über das Meer zu erreichen sind. Weite und Einsamkeit der Finnmark, in der nur rund anderthalb Einwohner pro Quadratkilometer leben, scheinen grenzenlos. Niemand hätte wohl die einsamen Küsten besiedelt, gäbe es nicht diesen Fischreichtum. Lange waren Hering, Dorsch, Köhler, Schellfisch, Seelachs und Lachs im Überfluss vorhanden und bildeten die Lebensgrundlage der Siedler.

Bis zur Oktoberrevolution in Russland 1917 blühte an der Küste zudem der sogenannte Pomorhandel, der über Jahrhunderte in den Händen russischer Wanderhändler lag. Sie unternahmen von Archangelsk am Weißen Meer regelmäßig Handelsfahrten bis nach Tromsø und tauschten die mitgebrachten Waren des täglichen Bedarfs – Lebensmittel, Bauholz, Leinen, Eisenwaren und vieles mehr – gegen Fisch. Wegen der kurzen Sommer an der Murmansküste war die Fischerei dort weniger ertragreich als vor Nordnorwegen.

Die Zeiten, als nur Netze ausgeworfen werden mussten, um an der Üppigkeit des Nordmeers teilzuhaben, sind vorbei. Überfischung gefährdet mittlerweile sogar den maritimen Nachwuchs. Der heute wieder begehrliche Blick auf die weite See hat etwas ganz anderes als Fisch im Sinn, denn hier ist es wie bei den Eisbergen: Das, was man sieht – in diesem Fall die Bohrinseln –, sagt kaum

Für Rentiere ist die Nordkapregion ein auskömmlicher Lebensraum. Ihnen reicht die karge Vegetation.

Norwegens Ansprüche im Norden demonstrierte die Festung Vardøhus (oben). Die Russen kauften einst noch jeden Fisch: Vardøs Pomormuseum ist dem Pomorhandel gewidmet (rechts).

„A taste of Lappland“: Auf Ausflügen kann man Samen, ihre traditionelle Kleidung und ihr Lavvu, das traditionelle Zelt, kennenlernen.

Special

Die Samen

Sápmi, das Land der Sámi

Der Großteil der 90 000 bis 140 000 Samen lebt in Norwegen, der Rest in Schweden, Finnland und auf der russischen Halbinsel Kola. Sie selbst bezeichnen sich als Sámi – den Begriff Lappe empfinden viele als herabwürdigend.

Ihr Siedlungsgebiet, von ihnen selbst Sápmi oder Same Ätnam genannt, umfasst nicht nur Lappland und große Teile der Halbinsel Kola, sondern reicht in Norwegen bis hinunter nach Hedmark und in Schweden bis Dalarna. Seit 1986 haben die Sámi eine eigene Flagge; ihre mit dem Finnischen und Ungarischen verwandten Sprachen klingen für uns fremd.

Traditionell bilden Rentierherden die Lebensgrundlage der Sámi. Doch auch wenn heute noch rund zwei Drittel von ihnen mit der Rentierzucht zu tun haben, betreiben nur wenige sie noch als Hauptberuf. Alle wissen, dass mit der Ausrüstung von gestern heute kein Geld mehr zu verdienen ist, weshalb Schneemobil und Helikopter schon längst den Rentierschlitten abgelöst haben. Auch das Bild von stets Tracht tragenden, Lasso werfenden und nomadisch im Lavvu lebenden Sámi entspricht nicht mehr der Wirklichkeit. So präsentieren sie sich nur noch für Touristen. Die meisten Sámi sind gut integriert und assimiliert, arbeiten in modernen Berufen und sind nicht von anderen Norwegern zu unterscheiden.

Sámi bewirten Passagiere der Hurtigruten.

etwas über die riesigen Erdöl- und Erdgasvorräte unter dem arktischen Meeresboden aus. Und wie damals handeln Norweger mit Russen, nur diesmal um Förderrechte.

DIE BARENTSREGION

Während des Kalten Krieges war auch in Kirkenes die Grenze ein Eiserner Vorhang. An dem strategisch wichtigen Ort standen sich Sowjetunion und NATO argwöhnisch gegenüber. Nachdem sich der Eiserne Vorhang geöffnet hatte, wuchs die Barentsregion zusammen, und Kirkenes entwickelte sich zum multikulturellen, prosperierenden Zentrum. Einheimische konnten jeweils bis zu 30 Kilometer beiderseits der Grenze ohne Visum reisen, und im Hafen von Kirkenes lagen norwegische und russische Fischerboote einträchtig nebeneinander. Formell besiegelt wurde all dies 1993 mit der Unterzeichnung der Barentskooperation zwischen Finnland, Norwegen, Russland und Schweden.

Nach dem russischen Überfall auf die Ukraine 2022 wurde die Zusammenarbeit mit Russland wegen „eklatanter Verstöße gegen das Völkerrecht“ beendet. Nur vier Monate vor Beginn des Krieges hatte Russlands Außenminister Sergej Lawrow noch die Einzigartigkeit dieser Zusammenarbeit betont.

Maßstab 1:2.000.000

0 40km

1 2 3 4 5 6 7 8

Knivskjelodden
Nordkapp
Hjelmsøya
Skarsvåg
Ingøya
Gjesvær
E69
Magerøya
Honningsvåg
Tufjord
Havøysund
Rolvsøya
889
Kåfjord
Sværholt-klubben
Kjøllefjord
Mehamn
Gamvik
Nordkinn-halvøya
Berlevåg
Skjånes
Akkarfjord
Struve Geo-detic Arc
Snøfjord
Porsanger-halvøya
107
Repvåg
Sværholt-halvøya
578
Veidnes
Hopseidet
Raggon-jargga
Kongsøy-fjord
Båtsfjord
Langstrand
Hammerfest
Sørøya
Sørvær
Breivikbotn
656
Rypefjord
Kvaløya
Erdalsfjellet
671
Store Tamsøya
Kalak
888
890
Stangenes-tinden
724
891
Nordfjord
Vardø
Hasvik
Kårhamn
Seiland
1079
Kvalsund
94
Olderfjord
Duolbbadasgaissa
673
Langnes
Loppa
Hurtigruten
Silda
Stjernøya
Seiland nasjonalpark
Nordmanns-fjordjøkelen
Saraby
Skaidi
Ifjord
Smalfjord
Rustefjelbma
Varanger-halvøya
Skipskjølen
633
Varangerhalvøya nasjonalpark
Seglvik
Sør-Tverrfjord
1204
Øksfjord
Hakk-stabben
Øksfjordjøkelen
882
Nyvoll
Indre Billefjord
Børselv
98
Tanafjorden
Lakselvfjorden
Porsangerfjorden
Tana
Varangerbotn
Nesseby
E75
Vestre Jakobselv
129
Vadsø
Varangerfjorden
Kvænangen
Alteidet
E06
110
Stabbursdalen nasjonalpark
Lakselv
Gaissane
Rastigaissa
1067
Tanabru
Nuorgam (Njuorggam)
Polmak
Gras-bakken
Bugøynes
1171
Sandbukt
Burfjord
1149
Halddde
Alta
Hellerisniinger
1139
Čuokkarašša
138
Lævvajokgiedde
101
Utsjoki (Ohtsejohka)
Vetsikko (Veahtøsaknjarga)
412
111
Bugøyfjord
Ropelv
Grense Jakobselv
286
Sørstraumen
Navitfossen
Kvænangsbotn
1337
Rieppe
NORGE
93
Skoganvarra
Valjok
Tana
Teno
Nuvvus (Nuuvos)
Patoniva (Puodopohki)
443
Neiden
Kirkenes
Näätämö
Bjørnevatn
1326
Bæccegælhalddde
Finnmarksvidda
Jiesjavrre
641
Outakoski (Vuovdakuoihka)
E75
103
Näätämöjoki
Sevettijärvi (Tæævtjäävr)
Skanvik
P21
Bilto
Reisaelva
Imofossen
Raisduoddar-halddde
Bidjovaggé
887
Čaravarre
Masi
Šuošjavrre
92
Kenttan
Karasjok
Karigasniemi
Säytsjärvi
Surnujärvi
Skogfoss
Nikel
637
Kuorpukas
Zapolja
Reisa nasjonalpark
Gárva
Kaamasmukka (Kabmasmohki)
Huutoniemi
Suojanperä
+2h Gr. Time
Pasvikelva
Øvre Pasvik nas.-p.
Pasvik zapovednik
Mieron
Lappoluobbal
Jorgastak
Kaamasjoki
Partakko Paartih
Vasikkaselkä
Nyrud
Kautokeino
Koarvikodds
590
Köngäs
Mutusjärvi
Kaamanen
Inarijärvi Aanaarjävri
Nautsi
Prirečnyj
632
Lavvoaivve
Basse-vuovdde
580
Gurbiš
Angeli Annel
Tirro
Inari (Aanar)
Janiskoski
Ropi (Roahppi)
945
93
Aiddejavrre Fjellstue
Øvre Anarjåkka nasjonalpark
Vaskojoki-Fasku
Anarjohka
Virtaniemi
Nellim (Njellim)
Talvikjulja
Koppelo
Struve Geodetic Arc
Lemmenjoki
Lemmenjoen
599
Viipustunturi (Viibustuoddarak)
Menesjärvi (Menišjávri)
Hammastunturi (Pánniordo)
631
Ivalo (Avvil)
91
Verhnetulomskoe Vodohranilišče
E08
Maunu
Karesuando
Kaaresuvanto (Karasavvon)
Palojärvi (Bálojávri)
Enontekiö (Enodak)
Kalmankaltio
Lemmenjoen kans.puisto
Ivalojoki
Törmänen
E75
184
471
Raja-Jooseppi
Lavnatundra
639
Idivuoma
Kuttainen
Palojoensuu
Peltovuoma
Nunnanen Njunnas
Lisma
Kuttura (Kuhtur)
Saariselkä
ROSSIJA
g. Ionn-N'jugoaje
714
E45
Paittasjärvi
Ounastunturi
723
Pallas-Yllästunturin kansallispuisto
Urho Kekkonen kansallispuisto
Tankavaara
Sokosti
718
99
21
E08
Pallastunturi
807
Raattama
Pokka
Vuotso (Vuohččú)
Laurujoki
Lannavaara
572
Saatukkavaara
Yli-Muonio
Pallasjärvi
Porttipahdan tekojärvi
Nota
136
Muodos-lompolo
Muonio
Tepasto
4
Lokan tekojärvi
Kemihaara
L
Lainio
Kitkiöjoki
Särkijärvi
Parkalompolo
Kangosjärvi
Kiistala
79
Sirkka
Lokka
Girvas
Vittangi
Oksajärvi
LAPPLAND
Vesmajärvi
Vajukosken allas
Tulppio
395
Keräntöjärvi
Kihlanki
Kittilä
Äkäslompolo
Rajala
Petkula
Ruuvaoja
Tuntsa
Kovdor
Rakka
Kangos
Masugnsbyn
Ylläsjärvi
80
Tepsa
SUOMI
Tanhua
Junosuando
Äkäsjokisuu
Kaukonen
E75
Sodankylä
Martti
Sorsatunturi
629
Saittarova
Käymäjärvi
Aareavaara
E08
Kurtakko
Vaalajärvi
FINLAND
Savukoski
Kalixälven
99
Kolari
403
21
79
Syväjärvi
Aska
E63
5
Anttis
Pajala
Ruokojärvi
Unari
Luosto
Kitinen
Kemijoki
Tärendö
Lohiniva
Pyhäjärvi
Pelkosenniemi
Saija
Ullatti
394
Sieppijärvi
Unari
Kainulasjärvi
349
Ounasjoki
Pyhä-Luoston kans.puisto
Pyhätunturi
540
Ahvenselkä
Kuolajärvi
Alakurtti
392
Jarhois
130
Tiainen
Vuostimo
Kelloselkä
Hurtigruten
+1h Gr. T.

BIS AN DIE RUSSISCHE GRENZE

Die Dörfer werden kleiner, rücken weiter auseinander, und die Küste wird wilder an der Barentssee. Das Landesinnere ist fast menschenleer, nur die Samen mit ihren Rentieren trotzen der winterlichen Kälte und der sommerlichen Mückenplage auf der Finnmarksvidda. Im Grenzland bei Kirkenes treffen mit der norwegischen, finnischen, samischen und russischen vier Lebenswelten aufeinander.

1 Havøysund

Der Fischerort (1000 Einw.) liegt auf Havøy, der großen Porsanger-Halbinsel vorgelagert, und schmiegt sich in einen geschützten Sund. Seit 1988 ist der Ort durch eine Brücke mit dem Festland verbunden. Schön ist die Einfahrt durch den Sund in den Hafen. Beliebt ist Havøysund bei Meeresanglern: Die Gewässer vor der Küste zählen zu den besten Steinbuttrevieren Norwegens.

Tipp

Schneehotel in Kirkenes

Jedes Jahr entsteht das Schneehotel neu – und immer sieht es anders aus. Dafür sorgen die Künstler, die aus der chinesischen Stadt Harbin anreisen. Sie verzieren die zwanzig Suiten ebenso mit kunstvollen Eisskulpturen wie die Eisbar. Durch farbige Beleuchtung entsteht eine geradezu magische Stimmung. Man kann in warme Schlafsäcke gehüllt im Schneehotel übernachten oder auch nur einen Blick hineinwerfen, einen Drink an der Icebar nehmen oder im zeltförmigen Restaurant Gabba eine Kleinigkeit essen. Das Schneehotel bietet ganzjährig Aktivitäten an.

Snøhotellet, Sandnesdalen 14, N-9910 Bjørnevatn, Tel. 78 97 05 40, www.snowhotelkirkenes.com

SEHENSWERT

Sowohl nord- als auch südgehend legen die Hurtigrutenschiffe nur einen 15-minütigen Stopp ein. Das reicht nicht mal für eine Stippvisite im lokalhistorischen **Museum** gegenüber der Kirche (Kirkeveien 3; Di.–Fr. 10.00 bis 16.00, Sa. 11.00–15.00 Uhr).

INFORMATION

Havøysund Hotell, Strandgata 149, N-9690 Havøysund, Tel. 78 42 43 00, www.havoysundhotel.com

2 Honningsvåg

Die Fischersiedlung (2200 Einw.) ist vor allem in den Sommermonaten wichtigstes Sprungbrett zum **Nordkap TOPZIEL**. Hier machen alle Kreuzfahrtschiffe fest, die das Nordkap im Programm haben. Mit mehr als 100 Ankünften pro Jahr ist Honningsvåg nach Bergen und Geiranger der am häufigsten angelaufene Hafen in Norwegen. Auch Honningsvåg wurde durch Hitlers Politik der verbrannten Erde zerstört – nur die Kirche von 1884 blieb unversehrt – und in den Folgejahren modern wieder aufgebaut.

MUSEEN

Das kleine **Nordkapmuseum** informiert über Fischerei und Küstenkultur der Finnmark, Lokalgeschichte von der Steinzeit bis zur Gegenwart, Walfang und Zerstörung der Stadt im Zweiten Weltkrieg (Holmen 1, Tel. 78 47 72 00, www.kystmuseene.no; tgl. 11.00–16.00 Uhr).

ERLEBEN

Mitte September findet das **Nordkapp Filmfestival** statt (https://nordkappfilmfestival.no). Der Veranstalter Destinasjon 71° Nord hat im Sommer **Königskrabbensafaris** und **Hochseeangelausflüge**, im Winter **Schneescootersafaris** im Angebot (Fiskeriveien 8, Tel. 47 28 93 20, www.71-nord.no).

Im Nordkapmuseum von Honningsvåg

HOTEL UND RESTAURANT

Das **€ € Scandic Bryggen Hotel**, ein modernes Haus mit Hafenblick, liegt nur wenige Schritte vom Hurtigrutenkai entfernt (Vågen 1, Tel. 78 47 72 50, www.scandichotels.no). Die **€€€/€€ Corner Spiseri** bietet lokale Fisch- und Fleischgerichte, etwa das arktische Menü. Spezialität ist „Finnebiff", geschnetzeltes Rentierfleisch mit Kartoffelpüree und Preiselbeeren (Fiskeriveien 2 a, Tel. 94 00 52 92, www.utelivinordkapp.no).

INFORMATION

Visit Nordkapp, Fiskeriveien 4 d, N-9750 Honningsvåg, Tel. 78 47 70 30, www.nordkapp.no

3 Kjøllefjord

In die karge arktische Landschaft setzen die bunten Häuser von Kjøllefjord Farbkleckse. Auch dieser traditionsreiche Handelsort (900 Einw.) auf der großen, fast menschenleeren Nordkinn-Halbinsel wurde nach den Zerstörungen im Zweiten Weltkrieg neu aufgebaut. Bei Anglern steht der Kjøllefjord hoch im Kurs, weil hier Heilbutt, Seewolf, Lachs, Rotbarsch und Dorsch anbeißen. Bei der Einfahrt in den Fjord sieht man die Finnkirka, eine Felsformation, die verblüffende Ähnlichkeit mit einer Kirche besitzt. Wahrscheinlich war die Finnkirka früher eine samische Opferstätte.

INFORMATION
Hotel Nordkyn, Strandveien 136,
N-9790 Kjøllefjord, Tel. 78 49 81 51,
https://hotelnordkyn.no

4 Berlevåg

Spät am Abend legen die nord- wie südwärts fahrenden Hurtigrutenschiffe im Abstand von einer Viertelstunde in Berlevåg (1000 Einw.) einen kurzen Stopp ein. Trotz der Errichtung von aufwendigen Molen kann es bei starkem Wellengang immer noch vorkommen, dass der Hafen nicht angelaufen werden kann. Berlevågs Männerchor spielte im Film „Heftig og Begeistret" („Cool & Crazy") eine wichtige Rolle. Der Film, der erzählt, wie es wirklich ist,

Tipp

Blick über die russisch Grenze

Kirkenes ist die einzige norwegische Stadt, die einen Grenzübergang nach Russland hat. Auch nach Ende des Kalten Krieges hat die russische Grenze eine magische Faszination ausgeübt, das Angebot an Ausflügen mit Bus, Quad oder Boot war groß. So konnte man einen Blick hinüber nach Boris Gleb werfen, im Ursprung ein nach dem heiliggesprochenen Brüderpaar Boris und Gleb benanntes Kirchlein. Auch nach Russlands Überfall auf die Ukraine werden Ausflüge an die Grenze weiterhin angeboten.

BARENTS SAFARI
Tel. 90 19 05 94,
www.barentssafari.no

Begegnungen vor Honningsvåg; Wegweiser in Kirkenes; Blick auf die Nordkapinsel Magerøy und den Porsangerfjord

im hohen Norden Norwegens zu leben, machte den Ort 2001 im ganzen Land bekannt.

SEHENSWERT
Die moderne **Kirche** auf einem kleinen Hügel ist weithin sichtbar. Im **Hafenmuseum** erfährt man alles über Fischerei, Zweiten Weltkrieg, Wiederaufbau und den Ausbau des Hafens (Mitte Juni–Mitte Aug. Mo.–Fr. 10.00–18.00, Sa./So. 11.00–16.00, sonst Mo.–Fr. 10.00–15.00 Uhr; www.kystmuseene.no).

INFORMATION
Berlevåg Pensjonat & Camping,
Havnegata 8, N-9980 Berlevåg,
Tel. 90 70 45 05, www.berlevag-pensjonat.no

5 Båtsfjord

Dem tief im Fjord liegenden und damit gut vor den Stürmen der Barentssee geschützten Hafen, dem größten Fischereihafen der Finnmark, verdankt der idyllische, aber abgeschiedene Ort seine Existenz. Båtsfjord lebt fast ausschließlich von Fischfang und -verarbeitung.

ERLEBEN
Der kurze Halt der Hurtigrutenschiffe reicht gerade, um einen Blick auf die **Dorfkirche** mit sehenswerter großer Glasmalerei zu werfen. Wer sich zu einem längeren Aufenthalt entschließt, auf den warten **Naturerlebnisse** in menschenleerer arktischer Weite: Wanderungen, Boots- und Angeltouren oder der Besuch von Vogelfelsen und Seehundkolonien.

INFORMATION
Båtsfjord Turistinformasjon, Hindberggate 19,
N-9990 Båtsfjord, Tel. 78 98 53 00,
www.berlevag-batsfjord.com

6 Vardø

Die östlichste Stadt Norwegens (2200 Einw.), zugleich die nördlichste Festungsstadt der Welt, liegt auf einer kleinen Insel vor der Ostküste der Varanger-Halbinsel. Seit 1982 ist die Stadt durch Norwegens ersten Unterseetunnel (2,9 km) mit dem Festland verbunden.

SEHENSWERT
Die Anfänge der **Vardøhus Festning** reichen bis ins frühe 14. Jh. zurück. König Christian VI. ließ sie 1734–1738 zum Schutz vor den Russen in die heutige achteckige Sternform umbauen (Festningsgaten 20, Tel. 90 92 28 13; Mitte April bis Mitte Sept. tgl. 10.00–21.00, sonst 10.00 bis 18.00 Uhr). Vom 18. Jh. bis zur Russischen Revolution 1917 blühte zwischen der Finnmark und Russland der Pomorhandel, benannt nach einem russischen Wort für „am Meer". Das **Pomormuseet** erzählt vom Handel mit Korn und Fisch in dieser Zeit (Kaigata 1, Tel. 78 94 28 90, www.varangermuseum.no; Mitte Juni–Mitte Aug. Di.–So. 12.00–17.00 Uhr). Das **Steilneset Minnested** in Vardø, ein Gemeinschaftsprojekt der französisch-amerikanischen Bildhauerin Louise Bourgeois und des Schweizer Architekten Peter Zumthor, erinnert auf dem damaligen Hinrichtungsplateau an die Hexenverbrennungen im 17. Jh.; das Mahnmal besteht aus einer 120 m langen Gedenkhalle, in der 91 Glühbirnen und ebenso viele Biografien an jedes Opfer erinnern. Einige Meter entfernt steht ein rußiger Glaskubus, in dem unter der Sitzfläche eines stählernen Stuhls eine ewige Gasflamme lodert. Sieben ovale Spiegel verzerren das Bild des Betrachters und symbolisieren so die Gesichter der Menschen auf dem Scheiterhaufen. Das Mahnmal thront weithin sichtbar auf einer kahlen Klippe am Meer.

RESTAURANT
Das **€ Nordpol Kro** sieht sich als typisch englischen Pub; ab und zu gibt's Livemusik (Kaigata 21, Tel. 78 98 75 01, www.nordpolkro.no).

INFORMATION
Vardø Turistinformasjon, Kaigata 8,
N-9950 Vardø, Tel. 40 70 04 00,
www.visitvardo.com,
www.visitgreaterarctic.com

7 Vadsø

Die Stadt (4600 Einw.) am Eingang des Varangerfjords ist seit einer großen Einwanderungswelle der Kvänen aus Finnland im 19. Jh. multikulturell. Am Hurtigrutenkai auf der Insel Vadsøy machen nur die nordgehenden Schiffe halt.

SEHENSWERT
Direkt am Kai liegt der **Vadsøy Kulturpark** (geöffnet während der Liegezeit der Schiffe) mit interessanten Ausstellungen zur finnischen Einwanderung und den Nordpolexpeditionen von Amundsen und Nobile in den 1920er-Jahren. Bis heute ist der 60 m hohe Mast zu sehen, an dem einst die Luftschiffe festmachten.

INFORMATION
Visit Varanger, Tel. 93 82 42 48, www.visitgreaterarctic.com

8 Kirkenes

Kirkenes (3400 Einw.) ist eine junge Stadt, die erst Anfang des 20. Jh. zum Abbau und zur Verschiffung von Eisenerz entstand. 1996 vorerst beendet, wurde der Eisenerztagebau 2010 in kleinerem Umfang wiederaufgenommen. Heute sind Tourismus und Schiffsreparaturen die Haupteinnahmequellen.
Im Zweiten Weltkrieg griffen die Deutschen von Kirkenes aus den russischen Hafen Murmansk an; wegen der strategischen Bedeutung litt die Stadt sehr unter Bombenangriffen.
Kirkenes ist Endstation der Hurtigrutenschiffe und der Europastraße 6.

MUSEEN
Die Dauerausstellung im **Grenselandmuseum** beleuchtet die Zeit vor und nach dem Zweiten Weltkrieg im Grenzland zwischen Norwegen, Finnland und Russland sowie den Eisenerzabbau (Førstevannslia, Tel. 97 97 71 09, www.varangermuseum.no; Mitte Juni–Aug. tgl. 9.00 bis 17.00, sonst 9.00–15.00 Uhr). Außerdem sind die Holzschnitte, Aquarelle und Ölgemälde des in Kirkenes geborenen samischen Künstlers John Andreas Savio (1902–1938) zu sehen (tgl. 9.00–15.00 Uhr).
Während des Zweiten Weltkriegs wurde zum Schutz der Bevölkerung die **Andersgrotta** mitten in der Stadt in den Fels gesprengt. Heute wird im ehem. Bunker ein Film über diese Zeit gezeigt (Anm. im Touristenbüro oder unter www.visitgreaterarctic.com).

ERLEBEN
Im Sommer werden neben vielen anderen Outdooraktivitäten tgl. **Königskrabbensafaris** angeboten (Pasvikturist, Dr. Wessels gate 15 b, Tel. 78 99 50 80, www.bookingkirkenes.no).

HOTEL
Das **€ € Scandic Kirkenes** ist ein modernes Haus im Zentrum mit Pool, Sauna und Solarium (Kongensgate 1, Tel. 78 99 59 00, www.scandichotels.no).

INFORMATION
Kirkenes Turistinformasjon,
Dr. Wessels gate 15 b, N-9900 Kirkenes,
Tel. 78 99 50 80,
www.bookingkirkenes.no

NÖRDLICHER ALS DAS NORDKAP

Nach dem Blick vom Nordkapfelsen und dem obligatorischen Foto unter der Weltkugel keine Lust mehr auf den ganzen Rummel? Dann sollten Sie ins Auto steigen und einige Kilometer in Richtung Süden fahren. Bei einem kleinen Parkplatz beginnt die Wanderung zum wirklich nördlichsten Punkt der Nordkapinsel Magerøy: zur Landzunge Knivskjellodden, die sich knapp 1400 Meter weiter als das Nordkap ins Nordmeer schiebt. Da sie flach ausläuft, kann sie mit der Dramatik des 300 Meter hohen Nordkapfelsens nicht mithalten. Und weil man sie nur nach langem Fußmarsch erreicht – hin und zurück sind es gut 17 Kilometer –, hält sich der Andrang in Grenzen.

Der Pfad, oft knöcheltief matschig, führt durch Norwegens einzige arktische Landschaft. Kein Baum, kein Strauch, so weit das Auge reicht. Nur spärliches Grün bedeckt die Steinwüste, in der man immer wieder auf Rentiere trifft, die hier ihre Sommerweide haben. Scheinbar endlos zieht sich der Weg durch die Landschaft bis zu einem Steinmännchen am Strand. Wer sich am Ziel wähnt, irrt: Erst nach weiteren knapp zwei Kilometern markiert ein Betonklotz Europas wirklich nördlichsten Punkt: 71° 11' 08".

Der Weg zum Knivskjellodden führt durch arktische Landschaft.

Lohnend ist auch der Abstecher nach Skarsvåg, einem winzigen Dorf an der Ostküste von Magerøy. Von hier führt ein Spaziergang zur Kirkeporten, einer torförmigen Felsformation, durch die die Mitternachtssonne scheint.

Entweder von Honningsvåg oder von dem Fischerdorf Gjesvær gelangt man schließlich mit dem Boot zum Naturreservat Gjesværstappen. Auf einem der größten Vogelfelsen Norwegens brüten Papageitaucher, Dreizehenmöwen, Trottellummen, Tordalke und Basstölpel. Und mit etwas Glück lassen sich sogar Seeadler bei der Jagd beobachten.

Gjesværstappen: Mitte Juni–Mitte Aug. tgl. mehrere Abfahrten, https://birdsafari.no

HILFREICH & NÜTZLICH

Keine Reise ohne Planung. Auf den folgenden Seiten haben wir für Sie Wissenswertes und wichtige Informationen für Ihre Fahrt mit den Hurtigruten zusammengestellt.

An- und Abreise

Mit dem Auto: Wer nach Oslo und weiter in Richtung Norden fahren möchte, nimmt entweder die Fähre von Kiel nach Oslo oder folgt vom Øresund nordwärts der schwedischen Westküste, etwa 600 km auf der meist autobahnähnlichen E 6. Von Ostdeutschland kommen die Fähren der Vogelfluglinie über Puttgarden oder von Rostock nach Trelleborg infrage.
Von Oslo nach Bergen sind es ca. 470 km, für die man mind. 7 Std. veranschlagen muss.
Mit dem Bus: Eurolines fährt u. a. in ca. 20 Std. von Berlin nach Oslo (Tel. +49 69 971 944 833, www.eurolines.de).
In Norwegen gibt es ein dichtes Busnetz, das man auch für die Weiterfahrt von Oslo nach Bergen nutzen kann (www.nor-way.no).
Mit der Bahn: Es gibt regelmäßige Verbindungen von Hamburg über Rødby, Kopenhagen und Göteborg nach Oslo. Die Fahrzeit von Kopenhagen nach Oslo beträgt ca. 8 Std. Alternativ geht es durch Dänemark via Århus und Frederikshavn nach Göteborg und Oslo.
Die Bergenbahn verbindet Oslo und Bergen auf einer Länge von rund 500 km; unterwegs überquert man die spektakuläre Hochebene Hardangervidda.
Mit dem Flugzeug: Internationale Flüge bedienen vor allem den Flughafen Oslo-Gardermoen. Direktflüge nach Oslo gibt es von mehreren deutschen Städten, einige Flüge gehen auch über Kopenhagen.
Hurtigruten bietet für einige Abfahrten Charterflüge nach Bergen und Kirkenes an, zudem gibt es Reisepakete mit Linienflügen.
Mit dem Schiff: Color Line (www.colorline.de) fährt von Kiel nach Oslo, vom frühen Nachmittag bis zum nächsten Morgen. Von Dänemark nach Norwegen bedient Color Line die Strecken Hirtshals–Kristiansand und Hirtshals–Larvik. Fjord Line (www.fjordline.de) fährt die Strecken Hirtshals–Stavanger–Bergen, Hirtshals–Kristiansand und Hirtshals–Langesund.
Einschiffung: Am Hurtigrutenterminal in Bergen (Nøstegaten 30) kann man am Abreisetag ab 13.00 Uhr das Gepäck abgeben; das Einchecken beginnt um 15.00, die Einschiffung um 16.00 Uhr. Die Kabinen sind ab 18.00 Uhr bezugsfertig; die Schiffe legen um 20.30 Uhr ab. Deutsche benötigen für die Einreise nach Norwegen einen gültigen Personalausweis oder Reisepass.

An Bord

Allgemein: Bei den Hurtigrutenschiffen handelt es sich um Arbeitsschiffe mit **Be- und Entladeaktivitäten.** Die Häfen werden rund um die Uhr angelaufen. Dabei verursachen die Schiffsmotoren Lärm und Vibrationen, die auf See und im Hafen je nach Alter und Bauart des Schiffes unterschiedlich stark sind; auch die Lage der Kabine spielt eine Rolle.
Alle Hurtigrutenschiffe sind mit **Stabilisatoren** ausgestattet. Die Schiffe befahren nur einige Male für ein paar Stunden die offene See. Ansonsten führt die Reise hauptsächlich durch ruhigere Gewässer zwischen dem Festland und den Inseln vor der Küste. Wer zu Seekrankheit neigt, sollte trotzdem unbedingt geeignete Medikamente von zu Hause mitbringen.
Bordsprachen sind Norwegisch und Englisch. Das Personal an der Rezeption und der Bordreiseleiter sprechen auch Deutsch.
Alle Gäste müssen an einer **Sicherheitseinweisung** teilnehmen, bevor das Schiff Bergen verlässt. Die Einweisung findet im ersten Stock des Terminals statt. Die Einschiffung erfolgt erst danach.
Arzt: Wegen der kurzen Abstände zwischen den einzelnen Häfen gibt es weder Arzt noch Apotheke an Bord, aber natürlich eine Erste-Hilfe-Ausrüstung und eine Krankenkabine.
Ausstattung: Die Kabinen und Suiten unterscheiden sich von Schiffsgeneration zu Schiffsgeneration in Ausstattung und Größe. Sie verfügen über Steckdosen für 220 V Wechselstrom, Adapter werden nicht benötigt. Es gibt keine Safes in den Kabinen, lediglich einzelne Tresorfächer und einen Schiffssafe an der Rezeption. Auf allen Schiffen können im Winter bei Schlechtwetter die Bullaugen einiger Kabinen aus Sicherheitsgründen mit Abdeckplatten verschlossen werden.
Aufzüge und Kabinen sind **rollstuhlgerecht**. Fahrgäste mit Handicap sollten unbedingt mit einer Begleitperson reisen. Einige Landausflüge sind für Gäste mit körperlichen Behinderungen nicht möglich.
Mobiltelefone können an Bord genutzt werden, die Netzabdeckung variiert. Fährt das Schiff in Küstennähe, wird man unter Umständen mit einem landgestützten Mobilfunknetz verbunden. Um hohe Kosten zu vermeiden, sollte man sich auf der Seite der Verbraucherzentrale über „Telefonieren und Surfen auf Schiffen" informieren. Die Passagiere werden gebeten, Handys nicht in öffentlichen Bereichen zu nutzen, um Mitreisende nicht zu stören.
Bordwährung: Bordwährung ist die Norwegische Krone (NOK). An Bord werden die meisten Währungen gewechselt, gängige **Kreditkarten** (mit PIN) werden akzeptiert, jedoch **keine Bankkarten.** Die Kreditkarte muss bis mindestens drei Monate nach Reiseende gültig sein. An Bord wird bargeldlos mit dem Cruise Card System gezahlt, die Rechnung am Ende der Reise beglichen.
Einkaufen: Bord-Shops verkaufen u. a. Souvenirs, Strickwaren, Bücher, Postkarten, Briefmarken und Hygieneartikel.
Essen und Trinken: Die **Mahlzeiten** werden zu festen Zeiten im Restaurant serviert – das reichhaltige Frühstücksbuffet von ca. 7.30 bis 10.00 Uhr (freie Sitzplatzwahl), das große Mittagsbuffet ab ca. 12.00/13.00 Uhr (freie Sitzplatzwahl) und das Drei-Gänge-Abendmenü ab ca. 18.30/19.00 Uhr (feste Sitzplätze). Das Essen besitzt regionalen Charakter.
Heiße und kalte **Getränke** und Snacks sind in der Cafeteria erhältlich, die im Sommer meist rund um die Uhr geöffnet ist. Die Öffnungszeiten für den Winter sind an Bord ausgehängt. Alle Schiffe besitzen eine Ausschankkonzession für **Alkohol,** der in Norwegen und damit auch an Bord deutlich teurer ist als in Deutschland. Pro Person dürfen maximal zwei Flaschen Alkohol mit an Bord gebracht werden.
Kleidung: Abendgarderobe ist auf Hurtigrutenschiffen nicht notwendig, der Dresscode an Bord ist leger. Tagsüber muss man sich schnell auf wechselhafte Bedingungen einstellen können. Wind- und wasserdichte Kleidung sollte unbedingt Teil des Gepäcks sein. Für Landausflüge ist festes Schuhwerk ratsam; Wander- oder Trekkingstöcke sowie im Winter Schuh-Spikes können von Nutzen sein.
Landausflüge: Auf der Strecke Bergen–Kirkenes–Bergen werden insgesamt bis zu 70 Ausflüge angeboten, die unterschiedliche Fitness erfordern. Die Ausflüge werden oft nur entweder nord- oder südgehend angeboten, einige sind nur saisonal im Angebot (siehe S. 98/99; ausführliche Infos zu allen Ausflügen unter www.hurtigruten.de/ausfluege). Sinnvoll ist es, Landausflüge im Voraus zu buchen; an Bord werden nur Restplätze verkauft und in Norwegischen Kronen berechnet. Wird die Mindestteilnehmeranzahl nicht erreicht oder macht

Ganz links: Unvergessliche Landschaftseindrücke bei der Überquerung des Moldefjords
Links: Die Auswahl unter dem vielseitigen Ausflugsangebot der Hurtigruten fällt schwer; hier eine Hundeschlittenfahrt durch die verschneite arktische Landschaft rund um Tromsø.

das Wetter den Ausflug unmöglich, erfolgt eine Absage an Bord. Für Passagiere aus Deutschland ist meist ein eigener Bus reserviert.
Trinkgeld: An Bord der Hurtigrutenschiffe sind Trinkgelder kein Muss, aber natürlich gern gesehen.
Unterhaltung: Das Bordleben zeichnet sich in erster Linie durch Entspannung aus, nicht durch ein umfangreiches Unterhaltungsprogramm. Als Teil des saisonalen Hurtigrutenkonzepts werden hin und wieder Vorführungen und Präsentationen während der Reise angeboten.

Auskunft

Überregional: Die zentrale Anlaufstelle ist Innovation Norway (Caffamacherreihe 5, 20355 Hamburg, Tel. 040 229 41 50, www.visitnorway.de). Die Webseite ist sehr umfangreich und bietet Infos für alle Reisearten.
Regional: Viele Orte in Norwegen besitzen eine eigene Touristeninformation (Turistkontor); in kleinen Orten ist diese nur im Sommer, in größeren das ganze Jahr über geöffnet. Anfragen zu bestimmten Regionen nehmen regionale Fremdenverkehrsämter entgegen.
Fjordnorwegen: Fjord Norway, www.fjordnorway.com
Mittelnorwegen: Trøndelag Reiseliv AS, Nordregate 10, N-7011 Trondheim, www.trondelag.com

Autofahren

Nur auf einigen Schnellstraßen und den Autobahnen rund um Oslo beträgt die **Höchstgeschwindigkeit** 90 bzw. 100 km/h (Schilder beachten!), sonst sind außerhalb geschlossener Ortschaften lediglich 80 km/h erlaubt. Innerhalb von Ortschaften gilt Tempo 50, in Wohngebieten meist nur Tempo 30. In Norwegen muss auch tagsüber mit **Abblendlicht** gefahren werden. Es gilt auf allen Sitzen Anschnallpflicht. Strafen für Verkehrsverstöße – und dazu zählen auch geringfügige Geschwindigkeitsüberschreitungen oder Falschparken – sind um ein Vielfaches höher als in Deutschland. Bei Überschreiten der **Promillegrenze** von 0,2 drohen auch ausländischen Fahrern Führerscheinentzug und Gefängnisstrafen.
Bei **Pannen** hilft der ADAC-Partnerclub NAF (Norges Automobil Forbund, Pannenhilfe-Tel. 23 21 31 00, www.naf.no) rund um die Uhr. Viele Passstraßen sind im Winter bis in den Mai hinein gesperrt. Einige Schnellstraßen, Tunnel und Brücken sind mautpflichtig, ebenso die Fahrt in die Innenstädte von Oslo, Bergen und Stavanger. Fahrzeuge werden elektronisch erfasst, der Zugang der Rechnung erfolgt nach einigen Wochen; wer ein Auto mietet, sollte sich unbedingt bei der Mietfirma über das Prozedere erkundigen. In allen Städten ist der Parkraum knapp und das Parken teuer.

Essen und Trinken

Die Preise in Supermärkten und Restaurants sind wesentlich höher als in Deutschland.
In den großen Städten hat sich die Gastronomie positiv entwickelt. Entweder wird italienisch-französisch inspirierte Küche serviert oder typisch Norwegisches. Fisch in allen Varianten ist immer eine gute Wahl.
Relativ preisgünstig kann man tagsüber in einer der vielen **Kafeterien** essen; oft ist ein **Dagens Rett** oder **Dagens Lunch** im Angebot, wobei meistens Fleisch, Kartoffeln und Gemüse serviert werden. Typisch norwegisch und gut ist ein **Koldtbord**, ein kaltes Buffet. Eine kleine **Auswahl an Restaurants und Cafés** wird auf den Infoseiten vorgestellt; dabei gelten folgende Preiskategorien:

Info

Daten & Fakten

Landschaft: Mit ca. 385 200 km² Fläche ist Norwegen der fünftgrößte Staat Europas. Die Hälfte des gebirgigen Landes liegt höher als 500 m, ein Viertel sogar über 1000 m. Das Landschaftsbild Süd-, Mittel- und Westnorwegens ist vielfältig: Wälder, Täler, Hochebenen, hochalpine Regionen und Gletschergebiete wechseln sich ab. Der Galdhøpiggen (2469 m) ist der höchste Berg Skandinaviens. Der maritim geprägte Westteil Norwegens zeichnet sich durch mächtige Fjorde aus. Sie reichen bis zu 200 km ins Landesinnere, wo mit Hardangervidda, Jotunheimen, Dovrefjell und Rondane die höchsten Gebirge zu finden sind (alle als Nationalparks ausgewiesen).
Verwaltung: Norwegen ist eine parlamentarische Monarchie, Staatsoberhaupt ist der König, zurzeit Harald V. Die politische Macht liegt jedoch beim Parlament (Storting), das alle vier Jahre gewählt wird, Gesetze verabschiedet und die Regierung kontrolliert. Das Land gliedert sich verwaltungstechnisch in 19 Fylker, die aufgrund ihrer andersartigen Zuständigkeiten nicht ganz mit den deutschen Bundesländern vergleichbar sind. Die Fylker und die über 400 Gemeinden besitzen umfassende Selbstbestimmungsrechte.
Bevölkerung: Mit ca. 5,41 Mio. Norwegern und 14 Einw./km² besitzt das Land eine der niedrigsten Bevölkerungsdichten Europas. Rund 80 % der Norweger leben in Küstennähe und im Süden und Westen des Landes, mehr als 20 % im Ballungsraum um die Hauptstadt Oslo. In den drei großen Provinzen Nordnorwegens sind gerade mal 10 % der Bevölkerung beheimatet.
Wirtschaft: Norwegen zählt heute zu den reichsten Ländern der Welt. Die Erwerbstätigenquote liegt deutlich höher, die Arbeitslosigkeit niedriger als in weiten Teilen Europas. Das starke Wachstum der Wirtschaft ist in erster Linie den Erdöl- und Erdgasreserven im norwegischen Festlandssockel zu verdanken. Ab 1980 hat sich die Offshore-Erdölförderung mehr als vervierfacht und Norwegen zu einem der großen Erdölexporteure der Welt gemacht. Energieintensive Wirtschaftszweige wie Metallerzeugung, die Produktion chemischer Rohstoffe und Holzverarbeitung machen einen erheblichen Teil der auf Export ausgerichteten Industrien aus. Hinzu kommen Schiff- und Offshore-Plattformbau sowie die Herstellung elektrischer und elektronischer Artikel. Eine weitere Ausfuhrbranche ist die Aquakultur. Landwirtschaftlich genutzt werden nur rund 3 % der Landesfläche, hauptsächlich im Flachland um den Oslofjord und südlich von Stavanger.

Preiskategorien

€€€€	Hauptspeisen	über 40 €
€€€	Hauptspeisen	30–40 €
€€	Hauptspeisen	20–30 €
€	Hauptspeisen	bis 20 €

Bei den Getränken spielt **Kaffee** die wichtigste Rolle, sehr beliebt ist auch Milch in allen Variationen. **Wein** und **Spirituosen** kann man nur in staatlichen Vinmonopolet-Läden kaufen, meist nur in größeren Städten und erheblich teurer als in Deutschland. **Bier** (bis 4,7 Vol.-%) ist fast überall in Supermärkten erhältlich.

Geld

Zahlungsmittel ist die **Norwegische Krone** (NOK), bestehend aus 100 Öre. 10 NOK entsprechen etwa 0,93 €. Die Nutzung von **Kreditkarten** ist in Norwegen weit verbreitet; damit erhält man an den meisten Automaten Geld.

Reiseveranstalter

Hurtigruten: Die Reederei erreicht man im Internet unter www.hurtigruten.de; Buchungen online oder unter Tel. 040 87 40 88 55.

Havila Voyages: Seit 2021 fährt auch diese Reederei mit mehreren umweltfreundlichen Schiffen auf der Route Bergen–Kirkenes–Bergen; unterwegs werden 34 Häfen angelaufen. Infos und Buchungen unter Tel. 0800 7 24 31 22 und www.havilavoyages.com.

Telefon

Vorwahl nach Deutschland +49, nach Österreich +43 und in die Schweiz +41. Nach Norwegen wählt man die Vorwahl +47 und dann die achtstellige Nummer. Innerhalb Norwegens wählt man die achtstellige Nummer, die Vorwahl ist darin integriert.
Die **Mobilfunkabdeckung** ist bis auf entlegene Gebirgsregionen gut. Da Norwegen Teil des Europäischen Wirtschaftsraums ist, fallen Roaming-Gebühren nicht mehr an.

Unterkunft

Die meisten norwegischen Hotels sind Ketten angeschlossen und besitzen einen hohen Standard. Selbst in kleinen Städten gibt es oft gute Häuser. Im Sommer senken viele Hotels die Preise, da dann die Geschäftsreisenden ausbleiben.
Eine kleine **Auswahl an Hotels** findet sich auf den jeweiligen Infoseiten; dabei gelten folgende Preiskategorien:

Preiskategorien

€€€€	Doppelzimmer	über 200 €
€€€	Doppelzimmer	150–200 €
€€	Doppelzimmer	100–150 €
€	Doppelzimmer	bis 100 €

Wetter

Auf dem Weg von Bergen nach Kirkenes durchquert man mehrere Klimazonen. Die Sommer können richtig warm, aber auch nasskalt und windig sein. Ab Oktober bis in den März muss man mit Schnee rechnen. Der Golfstrom hält zwar selbst im Winter das Meer eisfrei, trotzdem kann es sehr kalt werden. Vor allem ein guter Schutz gegen eisigen Wind ist wichtig.

Zoll

Reisende dürfen u. a. 200 Zigaretten oder 250 g Tabak mitbringen. Für alkoholhaltige Getränke gelten je nach Alter (18 bzw. 20 Jahre) verschiedene Mengenkombinationen, die auf www.toll.no/en ebenso zu finden sind wie eine detaillierte Übersicht zu anderen zollpflichtigen bzw. einfuhrbeschränkten Waren, Gegenständen oder auch Tieren.

Info

Geschichte

4000–1500 v. Chr.: In der Jungsteinzeit beginnen Ackerbau und Viehzucht.
1500–500 v. Chr.: Bronzezeit. Deren auffälligste Spuren sind die Helleristninger, in den Fels geritzte Bilder.
500 v. Chr.–800 n. Chr.: Eisenzeit. Die Böden können effektiver bewirtschaftet werden.
750–1066: Wikingerzeit. Mit ihren Langschiffen treiben die Nordmänner erfolgreich Handel und erobern die Welt. Aus Handelsplätzen entstehen erste Städte; wichtigstes Zentrum ist Haithabu bei Schleswig.
872: Harald Hårfagre (Harald Schönhaar) gelingt es 872, Norwegen unter seiner Herrschaft zu vereinigen.
995: Olav (Óláfr) Tryggvason beginnt das Land zu christianisieren. Die Einführung des Christentums dauert rund 200 Jahre.
1130: Beginn des norwegischen Hochmittelalters. Die christliche Kirche konsolidiert sich, größere Städte entstehen. Norwegen ist ein geeintes Königreich.
1350: Die Pest erreicht Bergen. In der Folge stirbt mindestens die Hälfte der Bevölkerung.
1397: Kalmarer Union. Königin Margarete von Dänemark vereint die nordischen Länder.
1450–1814: Unionsvertrag mit Dänemark. Die Partner sollen relativ gleichberechtigt sein, tatsächlich aber ist Norwegen 1536 vollständig von Dänemark abhängig.
1814: Dänemark tritt Norwegen an Schweden ab. Eine verfassunggebende Versammlung in Eidsvoll verabschiedet am 17. Mai eine Verfassung. Der dänische Prinz Christian Frederik wird zum norwegischen König gewählt, muss aber noch im selben Jahr auf Druck Englands und Schwedens abdanken.
1814–1905: Trotz fortdauernder Union mit Schweden behält Norwegen ein eigenes Parlament und eine gewisse Autonomie.
1893: Richard With richtet mit dem Dampfschiff „Vesterålen" einen Schiffsliniendienst entlang der Westküste ein, aus dem später die Hurtigruten hervorgehen.
1905: Auflösung der Union. Norwegen wird unter Haakon VII. (1872–1957) selbstständiges Königreich (konstitutionelle Monarchie) und bleibt im Ersten Weltkrieg neutral.
1940: Einmarsch deutscher Truppen. Vidkun Quisling wird Ministerpräsident. König Haakon VII. bildet eine Exilregierung in London.
1945: Ende der Besetzung Norwegens. Der Norden des Landes ist zum Großteil zerstört, über 10 000 Tote sind zu beklagen. Quisling wird wegen Hochverrats in der Festung Akershus hingerichtet. Norwegen tritt der UNO bei.
1949: Norwegen tritt der NATO bei.
1959: Norwegen ist Gründungsmitglied der Europäischen Freihandelszone (EFTA).
1969: In der Nordsee werden große Gas- und Ölfelder entdeckt.
1991: Nach dem Tod des volkstümlichen Königs Olav V. (*1903) wird Harald V. (*1937) zum König gekrönt.
1994: Zum zweiten Mal nach 1972 entscheiden sich die Norweger in einer Volksabstimmung gegen einen EU-Beitritt. Winterolympiade in Lillehammer.
2008: Stavanger ist Europäische Kulturhauptstadt.
2011: Bei Terroranschlägen eines rechtsradikalen Einzeltäters in Oslo und auf der Insel Utøya sterben 77 Menschen.
2015/2016: Der Verfall des Ölpreises setzt der Wirtschaft und Währung des Landes zu.
2020: Von den drei skandinavischen Ländern hat Norwegen während der Covid-19-Pandemie die wenigsten Infektionsfälle und die niedrigste Sterberate. Doch auch in Norwegen belastet die Pandemie die Wirtschaft stark.
2023: Hurtigruten führt für 100 Mio. Euro die größte Flottenmodernisierung Europas durch. Drei der Schiffe werden mit emissionsarmen Motoren und Hybridantrieben ausgestattet.

REGISTER

Fette Ziffern verweisen auf Abbildungen.

Impressum

6. Auflage 2023

Verlag: DuMont Reiseverlag, Postfach 3151, 73751 Ostfildern, Tel. 0711 45 02-0, Fax 0711 45 02-135, www.dumontreise.de

Geschäftsführer(in): Dr. Stephanie Mair-Huydts, Markus Schneider
Programmleitung: Andrea Wurth
Redaktion: Elke Schäle-Schmitt
Text: Dr. Christian Nowak, Berlin
Exklusiv-Fotografie: Gerald Hänel, Hamburg
Titelbild: picture alliance/chromorange/Dirk Daniel Mann
Zusätzliches Bildmaterial: S. 10/11 mauritius images/imagebroker/Angela to Roxel; 14/15 picture-alliance/prisma/David Oberholzer; 20/21 Getty Images/Cody Duncan; 22 l. huber-images/Gräfenhain; 22 r. DuMont Bildarchiv/Udo Bernhart; 23 l. o. huber-images/Lawrence; 23 l. u., 23 r., 39 l. DuMont Bildarchiv/Udo Bernhart; 41 mauritius images/Chromorange; 55, 56 DuMont Bildarchiv/Christian Nowak; 70 picture-alliance/imagebroker/Norbert Eisele-Hein; 71 l. mauritius images/Alamy/Brent Hofacker; 71 r. mauritius images/Alamy/Michael Jenner; 84 picture-alliance/akg-images; 85 o. mauritius images/photononstop/Philippe Turpin; 85 u. picture-alliance/akg-images; 87 l. DuMont Bildarchiv/Ola Roe; 88 u. Getty Images/Håkon Kjøllmoen; 98 l. laif/Gerald Hänel; 99 o. l., o. r. DuMont Bildarchiv/Udo Bernhart; 99 u. r. laif/Gerald Hänel; 101 l. mauritius images/Stefan Hefele; 101 r. DuMont Bildarchiv/Ola Roe; 103 Shutterstock/DrimaFilm; 115 l., r. Shutterstock/Franz Metelec; 120 l. laif/robertharding/Tim Graham; 121 o. l. Shutterstock/Nina Osintseva; 121 o. r. Shutterstock/Björn Wylezich; 121 u. l. laif/Toma Babovic; 121 u. r. laif/Le Figaro Magazine/Bruno Mazodier
Grafische Konzeption, Art Direktion: fpm factor product münchen
Cover-Gestaltung, Layout: CYCLUS · Visuelle Kommunikation, Stuttgart
Kartografie: © MAIRDUMONT GmbH & Co. KG, Ostfildern
Kartografie Lawall (Karten für „Unsere Favoriten")
DuMont Bildarchiv: Marco-Polo-Straße 1, 73760 Ostfildern, Tel. 0711 45 02-0, bildarchiv@mairdumont.com

Für die Richtigkeit der in diesem DuMont Bildatlas angegebenen Daten – Adressen, Öffnungszeiten, Telefonnummern usw. – kann der Verlag keine Garantie übernehmen. Nachdruck, auch auszugsweise, nur mit vorheriger Genehmigung des Verlages. Erscheinungsweise: vierteljährlich.

Anzeigenvermarktung: MAIRDUMONT MEDIA, Tel. 0711 45 02-0, Fax 0711 45 02-10 12, media@mairdumont.com, http://media.mairdumont.com
Vertrieb Zeitschriftenhandel: PARTNER Medienservices GmbH, Postfach 810420, 70521 Stuttgart, Tel. 0711 72 52-212, Fax 0711 72 52-320
Vertrieb Abonnement: Leserservice DuMont Bildatlas, Zenit Pressevertrieb GmbH, Postfach 810640, 70523 Stuttgart, Tel. 0711 72 52-265, Fax 0711 72 52-333, dumontreise@zenit-presse.de
Vertrieb Buchhandel und Einzelhefte: MAIRDUMONT GmbH & Co KG, Marco-Polo-Straße 1, 73760 Ostfildern, Tel. 0711 45 02-0, Fax 0711 45 02-340
Reproduktionen: PPP Pre Print Partner GmbH & Co. KG, Köln

Printed in Germany

Urlaub erinnern...

Jeder Urlaub geht einmal zu Ende – was bleibt, sind die Mitbringsel, aber auch die Erinnerungen an Land und Leute, an Aromen und Düfte und an manche Kuriosität.

FRAGEN OHNE ANTWORTEN

Wer waren die Menschen, die während der Stein- und Bronzezeit Tausende Piktogramme, die sogenannten Helleristninger, in Felsen geritzt haben? Hauptsächlich sind es Tiermotive, aber auch Menschen und Schiffe. War es eine der ersten Religionen der Menschheit? Wir wissen es nicht, denn es gibt viel mehr Fragen als Antworten. Fragen, die die Fantasie beflügeln und lange nachhallen.

TROLLGESCHICHTEN

Trolle sind groß, bärenstark, bucklig, haben lange Nasen und sind ziemlich einfältig. Ob Trollheimen, Trollstigen oder Trolldalen – unzählige Landstriche werden mit ihnen in Verbindung gebracht. Wer in der Dämmerung oder bei Nebel durch Norwegen wandert, wird nicht daran zweifeln, dass es diese merkwürdigen Gestalten gibt. Schließlich stehen sie auch in jedem Souvenirladen ...

GUDBRANDSDALSOST

Ich liebe den typischsten aller norwegischen Käse – der eigentlich gar kein Käse ist, weil er aus eingekochter, karamellisierter Milch besteht –, denn er klebt so schön am Gaumen und schmeckt einfach unvergleichlich. Stilecht legt man ihn auf eine hauchdünne Scheibe Knäckebrot und krönt das Ganze mit einem Klecks Marmelade. Aber auch pur als Snack zwischendurch schmeckt er hervorragend.

WÄRME FÜR DEN WINTER

Ein echter Norwegerpullover ist viel mehr als ein Souvenir. Früher hielt er Fischer auf hoher See warm. Heute gibt es ihn immer noch aus grober Schafwolle oder – für die empfindliche Haut – aus kuschelweicher Merinowolle. Vielen Modellen gemeinsam ist nach wie vor das typische Muster, in dem oft die achtblättrige Selburose eine wichtige Rolle spielt. Nicht gerade billig, aber hochwertig und langlebig sind die Produkte von Dale of Norway.

LICHT RUND UM DIE UHR

Manchen bereitet sie schlaflose Nächte, andere werden geradezu süchtig nach dem Licht der Mitternachtssonne. Für mich ist es immer wieder faszinierend, wenn sich die Stille der Nacht über die Landschaft legt und die Sonne stundenlang am Horizont entlangwandert und alles in ein magisches Licht taucht. Für diese Momente verzichtet man gern auf ein wenig Schlaf.

DAS WAHRZEICHEN LAPPLANDS

Himbeeren, Brombeeren, Erdbeeren oder Heidelbeeren bekommt man überall, Moltebeeren nur im hohen Norden. Man kann die teure Delikatesse gefroren mit Zucker essen, Süßspeisen damit verfeinern oder sie als Likör genießen. Als Souvenir eignet sich vor allem ein Glas Konfitüre.

»ALS ICH ZUM ERSTEN MAL DIESE LANDSCHAFT SAH, HATTE ICH DAS GEFÜHL, HIER HAT GOTT SELBST HAND ANGELEGT.«

So schwärmte der Schauspieler und „Derrick"-Darsteller Horst Tappert von Norwegen.

DER GERUCH DES GELDES

Den Geruch, als ich das erste Mal im winterlichen Stamsund von Bord der Hurtigruten gegangen bin, werde ich nie vergessen. Auf den Holzgestellen rund um den Ort hingen massenweise Fische zum Trocknen und verströmten ihr unverkennbares Aroma. Für die meisten Besucher ist es gewöhnungsbedürftig, für die Nordländer aber seit Jahrhunderten der Geruch des Geldes.

LUST AUF MEHR

Jeden Tag genießt man an Bord der Hurtigrutenschiffe ein fantastisches Panorama: einsame Küsten, ein Gewirr aus kleinen und großen Inseln, schroffe Berge, die von unvorsichtigen, zu Stein erstarrten Trollen erzählen. Das weckt den Wunsch, wiederzukommen und dann genug Zeit zu haben, um dieses lange Land abseits des Meeres, mit seinen Gipfeln und Gletschern, seinen Tälern und Hochebenen zu erkunden.

AUF WALSAFARI

Das Skelett eines Pottwals vermittelt schon einen guten Eindruck von der Größe der Tiere. Doch wenn während einer Walsafari neben einem der Boote solch ein „Moby Dick" auftaucht, spürt man nur noch Ehrfurcht vor den bis zu 20 Meter langen und 40 Tonnen schweren Meeressäugern. Als ob Pottwale wüssten, wie sie Menschen eine Freude machen können, zeigen sie beim Abtauchen für einen kurzen Augenblick ihre gewaltige Fluke – ein Anblick, den man nie wieder vergisst.

LINIE AQUAVIT

Dieser Hochprozentige muss in alten Sherryfässern zweimal den Äquator überqueren. Das Schaukeln, die Seeluft, die Temperaturschwankungen und das Eichenholz der Fässer geben dem Aquavit eine feine und besonders milde Note. Am besten genießt man ihn übrigens bei Zimmertemperatur, gern auch zu Hause!

PRO
GRAMM

DRESDEN

Barocke Pracht
Den filigranen Zauber des Dresdner Zwinger zu erhalten, ist eine Mammutaufgabe. Die Zwingerbauhütte wird demnächst 100 Jahre alt.

Gläserklirren
An den sonnigen Elbhängen bei Dresden gedeihen preisgekrönte Weine. Auf zur Verkostung!

Märchenlandschaft
In den bizarren Felsformationen der Sächsischen Schweiz wurde das Freiklettern erfunden.

www.dumontreise.de

MAROKKO

Die Wüste lebt
Mit dem Jeep oder auf dem Kamelrücken in den Erg Chebbi, Marokkos große Sanddüne.

Shopping-Paradies
Gewürze, Keramik, Stoffe, Teppiche oder Schmuck - das Warenangebot der Souks kennt keine Grenzen.

Tee bitte!
Das Nationalgetränk der Marokkaner ist süßer Minztee, dessen Ausschank einem festgelegten Ritual folgt.

LIEFERBARE AUSGABEN

DEUTSCHLAND
207 Allgäu
216 Altmühltal
220 Bayerischer Wald
180 Berlin
162 Bodensee
217 Brandenburg
175 Chiemgau, Berchtesg. Land
237 Dresden
152 Eifel, Aachen
157 Elbe und Weser, Bremen
168 Franken
020 Frankfurt, Rhein-Main
112 Freiburg, Basel, Colmar
231 Hamburg
026 Hannover zwischen Harz und Heide
042 Harz
023 Leipzig, Halle, Magdeburg
210 Lüneburger Heide
188 Mecklenburgische Seen
038 Mecklenburg-Vorpommern
033 Mosel
190 München
047 Münsterland
223 Nordseeküste Schleswig-Holstein
006 Oberbayern
161 Odenwald, Heidelberg
035 Osnabrücker Land
002 Ostfriesland
164 Ostseeküste Mecklenburg-Vorpommern
154 Ostseeküste Schleswig-Holstein
201 Pfalz
040 Rhein zw. Köln und Mainz
185 Rhön
186 Rügen, Usedom, Hiddensee
206 Ruhrgebiet
149 Saarland
182 Sachsen
159 Schwarzwald Norden
045 Schwarzwald Süden
018 Spreewald, Lausitz
008 Stuttgart, Schwäbische Alb
141 Sylt, Amrum, Föhr
204 Teutoburger Wald
170 Thüringen
037 Weserbergland

BENELUX
156 Amsterdam
011 Flandern, Brüssel
179 Niederlande

FRANKREICH
177 Bretagne
021 Côte d'Azur
032 Elsass
228 Frankreich Südwesten Okzitanien
019 Korsika
213 Normandie
235 Paris
198 Provence

GROSSBRITANNIEN/ IRLAND
187 Irland
202 London
189 Schottland
227 Südengland

ITALIEN/MALTA/ KROATIEN
181 Apulien, Kalabrien
211 Gardasee
222 Golf von Neapel, Kampanien
163 Istrien, Kvarner Bucht
215 Italien, Norden
233 Kroatische Adria
167 Malta
155 Oberitalienische Seen
158 Piemont, Turin
014 Rom
165 Sardinien
003 Sizilien
203 Südtirol
039 Toskana
232 Venedig, Venetien

GRIECHENLAND/ ZYPERN/TÜRKEI
034 Istanbul
016 Kreta
176 Türkische Südküste, Antalya
229 Zypern

MITTEL- UND OSTEUROPA
236 Baltikum
208 Danzig, Ostsee, Masuren
169 Krakau, Breslau, Polen Süden
044 Prag
193 St. Petersburg

ÖSTERREICH/ SCHWEIZ
192 Kärnten
004 Salzburger Land
196 Schweiz
226 Tirol
197 Wien

SPANIEN/PORTUGAL
043 Algarve
214 Andalusien
150 Barcelona
025 Gran Canaria, Fuerteventura, Lanzarote
172 Kanarische Inseln
199 Lissabon
209 Madeira
174 Mallorca
225 Porto, Portugal Norden
007 Spanien Norden
219 Teneriffa, La Palma, La Gomera, El Hierro

SKANDINAVIEN/ NORDEUROPA
166 Dänemark
212 Finnland
153 Hurtigruten
029 Island
200 Norwegen Norden
178 Norwegen Süden
151 Schweden Süden, Stockholm

LÄNDERÜBERGREIFENDE BÄNDE
224 Donau – Von der Quelle bis zur Mündung
112 Freiburg, Basel, Colmar
221 Kreuzfahrt in der Ostsee

AUSSEREUROPÄISCHE ZIELE
183 Australien Osten, Sydney
109 Australien Süden, Westen
218 Bali, Lombok
195 Costa Rica
234 Dubai, Abu Dhabi, VAE
160 Florida
036 Indien
205 Iran
027 Israel, Palästina
230 Kalifornien
031 Kanada Osten
191 Kanada Westen
171 Kuba
238 Marokko
022 Namibia
194 Neuseeland
041 New York
184 Sri Lanka
048 Südafrika
012 Thailand
046 Vietnam